2020 江苏高校哲学社会科学研究项目《体育精神与高校校园文化构建研究》(批准号：2020SJA0149)

新时期校园体育文化体系的建设与发展研究

苏海永　著

北京燕山出版社

图书在版编目（CIP）数据

新时期校园体育文化体系的建设与发展研究 / 苏海永著 . — 北京：北京燕山出版社，2022.5

ISBN 978-7-5402-6484-0

Ⅰ . ①新… Ⅱ . ①苏… Ⅲ . ①高等学校—校园文化—体育文化—研究—中国 Ⅳ . ① G807.4

中国版本图书馆 CIP 数据核字（2022）第 063769 号

新时期校园体育文化体系的建设与发展研究

著者：苏海永

责任编辑：邓京

封面设计：马静静

出版发行：北京燕山出版社有限公司

社址：北京市丰台区东铁匠营苇子坑 138 号嘉城商务中心 C 座

邮编：100079

电话传真：86-10-65240430（总编室）

印刷：北京亚吉飞数码科技有限公司

成品尺寸：170mm×240mm

字数：210 千字

印张：12.5

版别：2023 年 3 月第 1 版

印次：2023 年 3 月第 1 次印刷

ISBN：978-7-5402-6484-0

定价：72.00 元

前　言

　　校园体育文化是校园文化的重要组成部分，是最具吸引力、最有创意的一种校园文化，其以特有的魅力与强大的功能对大学生的身心健康和人格发展产生积极影响。然而，受传统体育价值观念的影响，校园体育文化常被边缘化，再加上我国校园体育文化建设起步较晚，资源投入有限，因此存在过分强调外在形式的物质文化建设，忽视精神文化建设，忽略校园体育文化的教育性、思想性内涵等问题，导致校园体育文化的功能与作用没有得到充分发挥。在新时期中华民族文化大发展的背景下，必须高度重视高校校园体育文化的建设，不断健全与完善高校校园体育文化体系，探索高校校园体育文化发展的新路径，保证高校校园体育文化与时俱进，从而使其更好地服务学校，服务师生。基于此，作者在查阅大量相关著作文献的基础上，精心撰写了《新时期校园体育文化体系的建设与发展研究》一书。

　　本书共有九章。第一章阐释校园体育文化的基础理论，以基本了解校园体育文化的基本知识。第二章分析我国高校校园体育文化建设与发展的现状及走向，以了解高校校园体育文化的基本发展态势，从而为探索高校校园体育文化的发展路径而提供现实依据。第三章与第四章分别对高校校园体育文化教育、高校校园课外体育文化建设展开研究，从而从体育教育、课外体育两方面来完善高校校园体育文化体系，构建课内外一体化的发展模式。第五章和第六章分别对新时期高校校园竞技体育文化和民族传统体育文化的建设与发展进行研究。竞技体育文化和民族传统体育文化是体育文化的重要组成部分，将它们引进高校，促进二者在高校的交融与互动，以丰富高校校园体育文化的内容体系。

第七章和第八章重点对新时期体育精神及高校体育精神的重塑展开研究,以加强高校校园体育精神文化建设,弘扬中华体育精神,提升高校校园体育文化的层次与深度。第九章着重探讨新时期多元视角下校园体育文化的建设与发展路径,结合新时期背景来探索高校校园体育文化发展的创新路径,推动高校校园体育文化的多元化发展。

总体上,本书具有以下几个特点。

第一,系统性。本书主要在新时期背景下探讨高校校园体育文化的建设与发展,首先阐释高校校园体育文化相关知识,分析高校校园体育文化建设与发展的基本情况,其次围绕高校丰富多彩的校园体育文化的建设展开研究,再次探讨新时期体育精神及高校体育精神的重塑和培养,最后重点探索高校校园体育文化在不同视角下的多元化发展。总体上结构完整,脉络清晰,内容丰富,具有较强的系统性。

第二,丰富性。高校校园体育文化内容丰富多样,不同的校园体育文化对大学生有不同的教育意义。因此应注重对不同校园体育文化的建设,推动校园体育文化的全面发展。本书基于这一认识而对高校校园体育文化教育、校园课外体育文化、校园民族传统体育文化及校园竞技体育文化的建设与发展进行了全面研究,体现了内容的丰富性和全面性。

第三,创新性。校园体育精神文化是高校校园体育文化系统的核心组成部分,加强校园体育精神文化建设,弘扬中华体育精神,培养大学生的体育精神,有助于提升大学生的内在修养与综合素质。本书对新时期体育精神、高校体育精神的重塑和大学生体育精神的培育进行研究具有重要创新意义和现实意义。此外,新时期高校校园体育文化建设必须结合新时期的时代背景,符合新时期的社会需求,与时代接轨,彰显时代性与先进性。对此,本书在新时期多元视角下对高校校园体育文化的创新发展进行研究,为推动高校校园体育文化的可持续发展提供了新路径。

总之,本书主要围绕高校校园体育文化体系的建设与发展展开研究,重点探讨了高校丰富多彩的校园体育文化的建设及新时期高校校园体育文化的多元化发展路径,并专门分析了新时期体育精神及其与高校校园文化构建的关系。期望本书能够为促进高校校园体育文化繁荣发展、传播与弘扬体育精神做出贡献。

在本书的撰写过程中,作者不仅参阅、引用了很多国内外相关文献资料,而且得到了同事亲朋的鼎力相助,在此衷心表示感谢。由于作者水平有限,书中难免有疏漏之处,恳请同行专家及读者批评指正。

作　者
2021 年 11 月

目 录

第一章

校园体育文化相关理论与知识阐释

校园体育文化的建设需要从校园相关理论的梳理和阐释开始。只有在完整、清晰的理论系统基础之上，才能健康、有序地对校园体育文化进行长期稳定的建设和发展。本章将从校园文化与高校校园文化、体育文化以及校园体育文化三个方面对与校园体育文化相关的重点理论进行透彻的阐述，希望对我国校园体育文化的建设提供一定的帮助。

第一节　校园文化与高校校园文化

一、校园文化

一个学校的校园文化就是这个学校的灵魂，也是校园凝聚力和校园形象的重要体现。校园文化也是影响学生形成人生观、价值观以及健康的生活态度和生活习惯的重要因素。校园文化对学生的影响是潜移默化、循序渐进地发生的，因此这种影响不易被察觉、更持久也更稳定，与直接教导或者课程教授的形式相比具有独特的优势。校园文化在塑造学生精神气质和人文道德素养方面具有重要意义，发挥着引导性和指向性作用，且对师生的学习、科研、生活都具有无形的滋养作用。

（一）校园文化的概念

校园文化是指在学校发展过程中逐步形成的一种价值观、精神导向、传统、行为准则和生活观念的总和。校园文化是以其所在的社会文化为背景、区别于其他学校、独具特色的一种亚文化形态,由学校自身进行内化的结果,属于社区文化的范畴。校园文化是社会文化的重要组成部分,它以社会主流文化为基础,以本校的价值观为核心,同时也受到历任学校领导个人风格的影响。它是在教师教风、学生学风、校园环境等综合因素的影响作用下逐步形成的,既表现出学校发展的文化进步程度,也反映着校园对内集中体现的某种校园气候,对外发挥着对社会文化的促进作用。

(二)校园文化的特征

校园文化是每个学校在发展过程中逐渐形成、具有自身鲜明特色、区别于其他同类院校的文化属性。主要体现为以下几个特征。

1. 传承性

校园文化是历史的积淀。一般而言,决定一个学校校园文化的最主要的因素是建校之初的办校理念,是一个学校在继承的基础上不断发展而形成的。校园文化主要以精神文化为主,是指导、指引本校师生学习与工作的一种精神准则,对外则是学校形象和口碑的重要依据。

2. 创新性

校园文化是社会文化的组成部分,随着社会的进步和发展,校园文化也表现出对社会文化的适应与发展,因此校园文化在保持传统的基础上也要有一定的创新性。校园文化的创新并非是简单的改变,而是与时俱进的能力和对新兴事物的包容,是保持校园持续稳健发展的内在动力。

3. 多元性

校园文化具有一定的丰富性和多元性。校园文化既然是社会文化的一个组成部分,那么也应该和社会文化一样具有丰富的内涵和多元的构成。保持开阔的视野、高雅的格调、活跃的思想,对新观念、新思想、新技术要积极学习和认识,保持辩证和理性的接纳态度。营造宽松的校园环境,让师生在自由、包容的氛围中积极开展工作和学习。

（三）校园文化的功能

1.德育功能

（1）陶冶学生的情操。优美的校园环境,布局合理的校园建筑;整洁的校舍,现代化的教学设施;宽敞的操场,塑胶跑道,修剪整齐的草坪;严谨求真的学术风格,积极上进的求学态度等,这一切经过精心建设和悉心维护的校园环境及人文气氛,都是校园文化的重要体现。每天在这样的环境中学习和生活,学生的身心都得到无形的滋养,并逐渐将它内化为自己的精神气质。学生会自觉形成爱护环境的意识,养成良好的道德规范等,这些对学生形成高尚的世界观、人生观和价值观具有一定的影响作用。

（2）规范学生的行为。环境对人的影响不仅仅体现在情志情操方面,同时也体现在人的行为方面。当学生在一个文明、互助、奋进、友爱的环境中生活和学习的时候,他也会认同并自觉遵守相同的行为规则。当学生发现自己思想言行的不足时就会自我修正,并努力向集体认同的更高的要求靠近,这种自我调节与矫正就是校园文化在默默地发挥着作用。

（3）培养学生的集体意识和协作精神。校园是一个特殊的社群,具有更强的组织性和凝聚力,学校对学生的管理也是以班级、年级这样的集体为单位而进行的。学生在学校的学习和生活始终处于一个集体中,他们有一样的学习目标和学习内容,由相同的教师授课,参加一样的考试等。因此学生必须具有一定的集体意识和协作精神才能顺利地完成学业,只有处理好个人和集体的关系,学会配合与协作,才能获得更长久的发展。必要时要舍弃个人利益而优先集体利益。学生在校期间需要学会和掌握集体生活的基本规则,将来进入社会才能在更大、更复杂的集体中顺利发展。外部环境的压力和自身发展的需要都要求学生处理好个人和集体的关系,毕竟建设一种友好互助的群体氛围对个人的发展更有助力。因此,学校这个最单纯的集体环境,最有利于培养学生的集体观念和集体协作能力,这也是校园文化的另一个重要功能。

2.美育功能

爱美是人的天性,但是对美的辨识和鉴赏是一种能力,需要经过后天的培养而获得。美育与德育一样,仅仅靠课堂上有限的教授是远远不够的,学生的审美能力需要在生活中、在具体实践中不断地被熏陶、受到启发,经过自我尝试、外界反馈、调试等一系列的过程才逐步得到提高。校园文化整体上指向真善美的追求,它通过物质环境和精神环境的影响,通过道德规范、行为规范、仪表姿态等具体的要求来体现,引导学生对美的认识、欣赏和创造,塑造学生的审美能力,提高他们创造美的能力,这是一个相对长期的过程。美具有广泛复杂的内涵,不仅包括外在的美,也包括内在美。

外在美可以体现在校园环境的宜人舒适,精心维护的花坛和草坪,卫生整洁的教室和宿舍,师生朴素大方的服饰打扮等;内在美体现为文明礼貌的修养、和谐的人际关系,师生间乐于分享和互相帮助的风气等,而这些都是校园文化的组成部分。通过校园文化的引领和熏陶,对学生产生由内到外的深刻影响,从而起到美育的作用。

3. 实践功能

学校生活是学生从家庭走向社会的重要过渡阶段,是从自然人向社会人逐渐转变的重要环节。在学校里学生不仅要学习大量的文化知识、接受各种能力的训练,为日后的工作做准备。与此同时,学生们还要学习人际交往能力、协作能力、共情能力,培养责任感、奉献精神、竞争意识等,并且在学校的学习生活中进行锻炼和实践。

校园文化是一个"教育场",以育人为主要目标。校园文化作为课堂教授的重要补充,给学生提供无形的熏陶和实践锻炼的场域。校园文化应该为学生营造一种安全友爱、有归属感、有责任感的校园环境,让学生在学校里可以放心大胆地进行自我表达和自我实践。丰富精彩的校园文化可以培养学生的兴趣与特长,提高学生的动手能力,鼓励他们大胆实践、勇于创新,树立正确的劳动观,同时在实践中可以给学生带来真实的反馈,考验他们的心理素质并磨炼他们的意志,为他们以后走向社会做好准备。

总之,校园文化具有强大的、多方面的功能,有利于对学生的全面培养,发挥着潜移默化的教育作用。校园文化是学校教育工作的重要组成部分,是对课堂教学的强有力的补充,它和常规的教学活动形成呼应,为学生营造出一个完整的学习和生活的环境。如果说课堂教学侧重以知识的教授为主,那么校园文化就是从学业以外的其他方面对学生进行无形的培养和塑造。因此,校园文化的建设非常重要,强大的校园文化是一个学校整体实力的重要体现。

二、高校校园文化

(一)高校校园文化的概念

高校校园文化包括物质和精神两个层面。高校的物质文化是现代高等院校中校园文化的物质基础,也是高校综合实力的重要标志之一。比如一所高校的实体规模、容纳学生的能力、实验室能力、设施设备的先进程度等,都是衡量高校物质文化的重要因素。而高校的精神文化主要体现在高校的价值追求和办学理念上。这种追求和理念是对教育本质、办学宗旨和社会使命的深刻认识和主要表达,它反映出高校的价值取向和追求,独特的精神文化也是高校区别于其他高校的最重要的标志,是一所学校的灵魂所在。高校的物质文化和精神文化共同构成了一个完整的高校文化形态,其中高校的精神文化决定着物质文化的发展和建设,具有更重要的意义。独特的精神文化是一所高校区别于另一所高校的重要标志,是一所高等院校软实力的体现。

高校的校园文化并非一日之间确立的,它是在学校的发展和建设过程中逐渐形成的,是从高校的建立之初,以当时的社会文化为背景,以办学精神为底蕴,以师生为主体,在学习和工作中不断建设发展出来的、由全体成员共同创造和遵守的学校物质文明和精神文明的总和。

同时,高校校园文化也反映着人类社会的精神文明成就,是人类文化和精神传承的重要场所。作为人类文化宝库中极为重要的一个组成部分,高校校园文化集中体现着社会文明和教育的最高水平,具有重要的文化标识意义。因此,高校校园文化是高校师生经过长期的努力集体创造的物质和精神结果,也是人类社会长期积淀、聚积、高度凝结的物质文化和精神文化的集中代表。它的基本形态是教学、科研、生产、生活等各个领域的相互作用。它的运作方式以各种文化活动为主。价值观是校园文化的灵魂。

高校校园的精神文化处于校园文化中最核心的地位,是高校师生员工的价值取向,决定着校园文化的方向、特征和功能。高校校园的物质文化和社会与时代的发展密切相关,因此其往往体现了当下社会的经济水平和社会发展进程。总之,高校校园文化是一个动态的系统,处于被不断创造的过程中,是一个相当完整的有机体,具有一定结构和功能。

(二)高校校园文化的特征

1. 封闭性

高校校园文化与社会其他亚文化相比具有明显的区别,体现为一定的封闭性。与其他社会文化相比,校园文化具有独特的文化特质和文化精髓。从空间上而言,高校校园文化是以"校园"为独立活动空间,以学校成员为活动主体;从心理层面上而言,校园文化具有强烈的群体性和排他性。我们也不难看出,这三个层面突出了高校校园文化的封闭性特征。

2. 开放性

高校校园文化是以社会文化为背景而存在的,因此它始终与社会文化保持着沟通的关系,与外部世界的其他文化保持着信息、物质和能量的交流。高校校园文化无法完全摆脱其他社会文化而单独存在,它需要在与世界的交流中不断地发展,并从外部世界汲取营养和精华,进而更好地促进社会文化的发展。因此,高校校园文化具有一定的开放性特征。

3. 批判性

与其他社会亚文化相比,高校校园文化还具有明显的批判性。也就是说高校校园文化自有主见,具有文化选择的作用,它并非对外部世界的文化照单全收,而是根据一定的价值信念剔除其中糟粕的部分,只吸取其精华,起到一定的净化、筛选、过滤等作用。这也是高校校园文化能始终保持其鲜明特色的原因之一。

4. 创新性

同时,高校校园文化自身还具有超强的创新性,能不断孕育出新思想、新观念以及新的物质文化形态,这对高校的生存和发展都起到至关重要的作用。由古至今,高校是各种文化思潮的发源地,而高校的校园文化则起到重要的承上启下的作用,它在继承传统的同时,积极寻求创新,因此不断涌现出新的思想、新的文化流派。高校校园文化的创新性,会进一步鼓励高校学子的个性化发展,自觉隔绝、淘汰各种陈旧落后的文化意识,不断更新着高校的校园文化。

5.多元性

高校是集结各种文化思想的主要场所,先锋文化与传统思想并存,这就使高校文化具有一定的多元性特色。无论古今中外,高校的校园文化都是当时社会最活跃最丰富的代表,形成这种多元性的文化氛围并非偶然,大体来看有以下几个原因:

（1）高校频繁的学术交流和相对宽松的工作环境是形成多元性的先决条件。

（2）高校具备接收外来文化的良好条件,也具备融合、转化和批判性接受外来文化的能力。

（3）我国早期的高校有不少曾经历过半殖民社会,有被西方列强控制、管理甚至创办等不同情况。这些西方文化中比较优秀的理念和治学态度与我国传统的文化思想已经相互融合并发展出新的文化成果。这是高校校园文化多元性的一个重要原因。

6.多样性

高校校园文化的多样性涉及学生的学习、生活和工作的方方面面,而且高校校园环境也包含了许多小的层次,这些都决定了高校校园文化是从各个方面分别表现之后汇聚而形成的。

7.高雅性

由于高校教师和学生普遍具有较高的文化层次和较好的人文修养,因此,高校校园文化与其他社会亚文化相比要更有品位、更有格调、更有内涵、更加深邃,这是高校校园文化高雅性的体现。整体而言,高校的校园文化氛围追求一种积极向上的价值取向。尽管现代高校都提倡多元文化共存,但由于高校本身集结了社会上高智商、高学历的最顶尖的人才,因此高校的校园文化是一种以精英文化为主导的、容纳多元文化的高雅文化。

（三）高校校园文化的功能

高校作为所有校园的一个组成部分,高校的校园文化功能也符合校园文化的功能范畴,且基本一致,即德育功能、美育功能和实践功能等,但同时高校还具有以下一些特有的作用和功能。

1.未来指向性

高校是以传授人类文化精华并培养符合时代需要的优秀人才为目标,它所培养的人才主要是面向未来社会的需求,这种培养目标的未来性赋予了高校校园文化的未来指向性。

2.超前性

高校校园文化往往能迅速反映当今科技前沿、文化思潮、学术研究等各个方面的最新动向和研究成果,远远领先于社会主流文化的发展,因此具有一定的超前性。并且这种超前的文化意识对于整个社会文化的建设和发展具有极其重要的作用,充满时代气息和探索精神,给社会文化注入活力,推动着社会文化的发展。

第二节　体育文化

一、体育文化的界定

就当前而言,我国学界关于体育文化还没有统一的界定。德国学者G.A.菲特在1818年出版的《体育史》中提到 physical culture,是指斯拉夫民族的沐浴和按摩等保健养生活动。《韦氏国际大辞典》也称身体文化为"有关身体系统的保养"。

现代奥运会创始人顾拜旦认为,体育文化是促进健康和增强体力的身体运动体系,是与自然的运动形式相对应的人为的体育形式。二战后,苏联和东欧各国把"身体文化"作为关于体育的最广义的概念来使用。凯里舍夫在《苏联体育教育理论》中对身体文化的定义是"改善苏联人民健康、全面发展其体能,提高运动技巧及创造体育教育专有的精神和物质财富等方面获得的成就的总合"。1974年,国际体育名词术语委员会出版的《体育运动词汇》指出,体育文化是"广义文化的组成部分,它综合各种利用身体锻炼来提高人的生物学和精神潜力的范畴、规律、制度和物质设施"。

综上所述,体育文化至今没有一个明确的概念。但是我们对体育文化已经具备一定的初步认识,可以理解为体育文化是人类文化的有机组成部分,是属于社会文化的一种亚文化,它不仅包含体育运动的物质、制度、精神、行为文化的总和,还包括人们的体育认知、体育情感、体育价值、体育道德、体育制度、体育文化产业、体育物质条件,以及体育观念、意识、思想、价值等精神文化。

二、体育文化的结构

尽管目前国内外学界对体育文化的概念还没有一个统一的界定,但是,基于现有的研究,综合各个学者的观点,我们认为体育文化是一个有系统、有组织的综合体,它主要由以下几部分组成。

（一）物质层

物质层是体育文化的基础,是进行体育实践活动的前提和条件,它包括体育场地、体育设施、器材、体育雕塑、体育服装和各种体育形态等。

（二）制度层

体育制度层是指起到规范作用的各种体育法规和条例,以及各项体育运动的裁判规则等,它保证了体育行为具有一定的强制性。制度层还包括各种体育组织的组织规则。制度层对体育文化的意义重大,它决定着体育文化能否健康地发展,是体育文化系统中最具有权威性的因素。

（三）行为层

行为层是指体育文化主体在体育实践活动中以约定俗成的方式构成的体育行为规范、体育行为表现和内容,主要以体育习惯来体现。

（四）精神层

精神层包括体育思维方式、体育审美、体育情趣和体育价值观念。体育价值观念是体育文化的核心,决定着体育文化传统的形成和文化走向,体现着义化主体的主观愿望和文化品位。

三、体育文化的功能

体育文化是一个复杂的、有机的系统,具有丰富的、多样的文化功能。体育文化的功能与体育主体——人的需求密切相关,是服务于不同人群的体育需要的过程体现。

（一）健身功能

体育文化最首要的功能是它的健身功能,它满足了人类提升健康指数、丰富生命体验和提高生命质量的需求。特别是当今科技发展登峰造极,人工智能的不断发展虽然给人类社会带来极大的便利,同时也让人的自然生活形态发生了重要的改变。智能家居、无人驾驶等正在悄悄地改变着人们的基本生活场景,人类最基本的生产劳动已经退化为只需动动手指,甚至只需要用语音发出指令,导致我们的身体功能逐渐失去活动的机会。这正是体育在现代社会的最重要的价值,它帮助人们保持和发展人的自然属性、避免自身"异化"的加重和从恐怖的"文明病"中解脱出来。可以说现代生活方式给人类带来众多便捷与舒适的同时,也给人类的生命健康带来了隐患,而适宜的体育运动是最积极、有效的防治方法之一。体育文化有着深厚的生理学基础,对人类呼吸系统和心血管系统机能与形态的改善与提高、对身体免疫能力的增强、对健美形体的塑造均具有良好的促进作用。人们需要通过体育运动来调节精神、增强体质、丰富生活内容,体育运动已经不仅是个体的需要,也是整个社会的需要,不仅是提高社会生产的需要,也是保证人体健康和人类正常生命活动的需要。

（二）教育功能

体育对人的教育功能从人生初期就有了重要体现。小婴儿从几个月大的时候开始用手抓东西、练习翻身、坐起、站立、走路等一切有关身体能力的练习都属于体育功能的范畴了,可以说大部分人在学习语言之前,就开始接受体育的教育了。

体育文化常常以潜移默化的方式对人进行情志与意志的训练,它不仅锻炼人的体质,也培养人的性格,是促使人们身心健康发展的重要手段。现代体育文化的教育性不仅包括促进生长发育、增强体质、掌握运动技能,还包括培养终身体育的兴趣和习惯、能力和意识。体育文化还兼具改善生活方式、提高生活质量、适应现代社会需要的作用。体育文化还能培养人们的竞争意识和团队协作精神,能提高人们的责任心、使命感和民族情感。

（三）凝聚功能

体育文化还具有非常强大的凝结作用,一场精彩的体育赛事可能会吸引不同国家、不同民族、不同文化修养和不同政见的人来到赛场上,共同为一支队伍加油助威。尤其像奥运会、世界杯这种世界级运动赛事,这种情况更为突出,2012年伦敦奥运会的参赛团体来自205个国家和地区,创造有史以来奥运会中参赛国最多的纪录。体育文化拥有超越思维、观念、价值观的凝聚功能,它让世界各族人民可以暂时放下因地域、国家、种族、文化、语言、信仰等不同导致的隔阂,而因为共同的体育兴趣来到一场比赛现场,一起呐喊或者伤心。另一方面,体育文化还具有凝聚民族情感的作用,特别是在国际赛事上,当中国运动员登上领奖台,当国歌的音乐响起,每一位中国同胞都会为此而自豪,为国家感到荣耀。体育文化作为一种团队文化,还常常被很多公司用来加强员工的向心力和凝聚力。

（四）竞争功能

体育文化还具有增强竞争意识的功能。体育的竞技属性决定了人们在进行体育运动时天然地会产生竞争意识,如想要获得更快、更强的运动表现,想要超越对手获得比赛的胜利等,都是对竞争意识的促进体现。社会需要发展,国家需要富强,民族需要强盛,个人需要进步,可以说我们的生活中竞争无处不在。竞争带来诸多的压力,也让我们更加有斗志,在竞争中不断战胜自我、超越自我、完善自我。这种竞争精神和超越意识,不仅是我国改革开放加快经济建设所需要的,也是现代人所必须具备的。

（五）交流功能

体育作为超越语言的特殊媒介,可以突破语言差异、文化隔阂等障碍达成跨文化交际。历史上体育常常是一种重要的交流手段,能够承载政治、经济、思想、科技、教育、文化等多方面的交流,对促进人类社会的和平发展起到重要作用。体育文化所倡导的拼搏精神、协作精神以及勇于挑战自我的顽强精神是人类共同追求的美好品质,它可以跨越语言、时间、空间的障碍而让心与心产生交流。因此,体育文化能够让人们达到多层面、多维度交流的目的。

（六）娱乐功能

体育作为人们生活中必不可少的一项生活方式,是业余休闲的重要部分,因此体育文化还具有重要的休闲和娱乐的功能。作为一种重要的休闲文化,体育活动能够给人带来欢乐,起到放松身心、陶冶情操的作用。它还集娱乐、健身、社交、游戏等多种因素于一体,是人们健康生活的重要组成部分。体育文化是最容易被大众接受的文化活动之一,有相当大的普及性。无论是学生、上班族还是老人、孩童,都能找到适合自己身体能力和兴趣爱好的运动形式,既可以增强体质,还可以因此而结交到一群同好,对身心健康都有积极作用。人们积极参与休闲娱乐活动,获得生理上的快感和心理上的愉悦。

（七）心理调节功能

体育运动不仅有健体强身、增强体质的作用,同时还可以起到调节情绪、疏导心理的作用。有很多的研究数据证明,人体在运动时身体会加速分泌多种激素,这些激素具有一定的调节情绪的作用,因此人们在运动后会感到心情放松、神清气爽和轻微的愉悦感。在参与体育运动过程中,一些不良情绪得到有效的宣泄,生活中的各种压力、紧张、抑郁、焦虑等情绪会得到不同程度的缓解。不同的体育形式会带给人不同的运动感受,对心理产生不同的触动。比如竞技性运动项目鼓励不断奋进、积极进取、勇于拼搏的竞争性心理,而东方的瑜伽、太极拳等运动会带给人宁静、平和的心灵体验。总体而言,西方的体育文化强调"更高、更快、更强"的竞技性,形象地阐释了西方体育文化对个体心理的影响。东方体育文化则更多地追求修身养性、自然和谐的倾向,对于缓解紧张、焦虑等不良情绪具有积极的作用。

（八）存储、传递的功能

体育设施、场地、器材、运动服装等物质层面的文化,以其本身自然物质形态记载着不同历史时期的体育文化,折射出时代发展的痕迹,映射出时代变迁的轨迹。从体育器械的变化可以明显看出时代发展的痕迹。史前体育文化具有原始性的特点,表现在还没有完成与劳动过程的最后分离,许多体育用品如弓箭、标枪、船等直接就是劳动工具,许多技能如跑、跳、投掷、攀爬、游泳、划船等直接就是生产和军事技能。而随着社会的发展,专门性的军事体育训练工具和体育娱乐舞蹈等出现。

体育的传媒是现代人获取体育文化信息最直接的来源,推动着体育文化的广泛传播。没有现今的体育文化书籍,我们就不会知道体育的历史;没有体育赛事的转播、体育报纸和期刊的出版,我们就不会知道体育发展的动态。据国际奥委会统计,全世界有一半以上的人通过阅读报刊了解奥运会及各种单项比赛的赛事情况。中国图书分类法中指出,体育类的图书包括体育理论图书和与世界体育事业的相关图书。体育理论图书又包括体育教育、体育训练、体育伦理、体育美学、体育生化基础科学等;体育事业图书包括体育制度、体育方针、体育组织、体育运动技术总论等。可以说,种类繁多的体育文化图书、直观清晰的体育影像材料作为体育信息的载体,有效地促进了体育文化知识的传播。

现代奥林匹克运动会的一些原则、竞赛制度和规章,就是在对古代奥运会相关的规则制度继承和创新的基础上发展起来的。我国的奥运争光计划、全民健身计划纲要等都是体育文化制度随时代演变的创新成果。体育的理念延续并规范着人类的价值意识,快乐体育、终身体育、健康第一、以人为本的体育理念,是人类对体育文化价值认识不断加深的结果,是时代赋予体育文化的新内涵。

第三节　校园体育文化

一、校园体育文化的概念

校园体育文化是以师生以及全校员工为主体,以促进其身心全面发展为目标,以身体练习为手段,以各种运动项目、体育活动、体育竞赛为主要内容的校园活动的总和。校园体育文化有校园文化的属性,也有体育文化的属性,具体包含以下几方面的含义。

（一）属于校园特有的文化

校园文化是区别于企业文化、家庭文化、社区文化、社团文化的一种特殊文化现象,具有自身独特的目的、内容和形式。校园体育文化是校园文化和体育文化两个文化体系的有机融合,在不同的社会文化背景和不同的校园文化交互作用之下而产生的一种跨文化体系。校园体育文化与其他文化最明显的区别,是它的主体和环境的特定性所带来的特性,校园内的主体是青少年儿童,他们正处于人的生命力最为勃发和强劲的时期。因此,校园体育文化带有强烈的生命力和感染力,充满朝气,是最为鲜活的生命表现,这是校园体育文化特殊性和特定性的核心所在。

(二)具有丰富的文化层次

校园体育文化是体育文化的组成部分,含有体育物质文化和体育精神文化的内容,在学校这个特定的文化空间与物理空间内通过体育制度规范、学校体育活动以及学校体育制度等因素而对学生产生身体、心理、精神等方面的影响,最终达到促进学生的身心全面发展的目的。一个学校的校园体育文化既能反映学校的校园文化特色,也能反映学校师生的主流生命观、健康观、人生观、生活态度、健身理念以及行为准则。校园体育文化既包含严谨的科学方法、健全的组织结构,又具有丰富的人文资源、文化内涵,是一种层次丰富的文化体系。

(三)表达校园的价值取向

校园体育文化是学校全体师生价值取向的重要体现。一个学校的体育文化价值往往表达着整个学校的文化价值取向,也是校园文化中最集中、最突出的表现。学校体育文化的价值观既体现了全体师生的价值追求,也是全体师生学习、工作与生活的价值导向,是一种强势的校园氛围,影响着校园的精神文明建设和物质文明建设。一个具有优秀的体育文化传统的学校,在其校风、学风以及全体师生的精神面貌上都会有所体现,比如具有积极进取奋斗精神、拥有刻苦坚韧的精神品质。校园体育文化还具有一定的校园凝聚力,会使生活在同一所学校的人们彼此之间产生强烈的认同感、责任感和荣誉感。

(四)传承传统的体育文化

学校作为知识和文化传承的重要载体,它不仅体现在课堂的教学上,也体现在校园体育文化的建设方面,学校内开展的民族传统体育活动同时承载着传承民族文化与体育精神的双重意义。学校通过有组织、有计划的体育教学活动,以身体练习、竞赛活动等形式,将优秀的传统体育文化进行传承,并且他们在发展建设的过程中,将这种传统与精神潜移默化地融合进校园的精神氛围、行为准则和环境中,形成独有的文化气质,使学生对校园、对传统、对民族逐渐养成一种深厚的情感归属,深深认同自己是属于社会群体的一分子,属于民族大家庭的一员。学生主动通过自己的言行参与文化的创造与传递,自觉地成为文化的受益者和创造者。

二、校园体育文化的特征

校园体育文化不仅具有校园文化的一般特征,还具有体育文化的特征,并且具有两者交互后产生的相对独立的特征。具体表现在以下几个方面。

（一）主观性与客观性

体育文化的产生源于人们的客观需要,并非由人的主观意识而主动创造出来的。因此,体育文化是伴随着人们在进行体育活动的过程中而产生的,之后逐渐被人们所认同和采纳,又反过来进一步影响人们的体育活动。校园体育文化也同样如此,既具有主观性又拥有客观性。但是,学校作为人类传播文明、培养人才的专门场所具有明确的目的性。这就使学校体育文化的主观成分大大增加了,成为一个比较自主的文化系统,是按照学校的某种意志而建构和选择的文化系统。但是与此同时,作为一种文化现象,校园体育文化也具有其自身的客观性,即并不以人的意志为转移,它具有自身的发展规律和发展节奏。同时,学生也并不是校园体育文化被动的适应者,而是积极的参与者、享用者和创造者,在积极主动的体育实践活动中为校园体育文化拓展新的内涵,促进校园体育文化的强劲发展,这体现了校园体育文化的客观性。

（二）系统性与人文性

校园体育文化是一个综合的、自洽的且较为完备的文化体系,它并非是一些要素的简单组合,其具有内在的逻辑、目的、内容、功能与表现形式,是一种特定的、复杂的文化系统,具有明显的系统性特征。校园体育文化最突出的表现形式为身体活动,身体活动一方面具有人的自然生物属性,另一方面又具有鲜明的人文精神,因为人的肢体语言本身就蕴含着丰富的文化思想,具有情感表达和交流的重要功能,是人类最原始、最本能的表达方式。校园体育文化将校园文化与体育文化进行有机的融合,并且将身体活动纳入学校体育精神文化的领域,而且赋予校园体育文化永恒而持久的使命。学校体育文化自始至终体现着一种人文精神,蕴涵着丰厚的人文价值理念。因此,校园体育文化对学生的影响常常是持久的、深刻的,它不仅影响着学生的体育运动的行为,而且对其人生信念和价值信仰也具有很强的渗透力,对学生走入社会后的人生发展也具有积极的推动作用。

（三）历史性与时代性

校园体育文化与校园文化相呼应,是对校园文化的加强和延展,延续着一部分校园文化的历史基因,因此具有一定的历史性特征。一个学校的校园文化是学校的灵魂所在,传承着一所学校的文化传统和精神气质,体育校园文化在一定程度上将这种文化传统进行弘扬与放大,并融合时代的特征,随着时代的发展而不断地演化出自己独有的形态。学校是对时代思想与文化演化最为敏感的地方,它不断地吐纳时代最新的文化思潮与先锋思想,通过辩证地吸收与创造,产生自己的文化成果,其中有一部分会通过校园体育文化而得以体现,使校园体育文化得到不断的滋养和发展。

（四）继承性与连续性

校园体育文化和其他文化形式一样,具有继承性与延续性。一个学校的校园体育文化总是在继承中发展、在连续中创新,具有其自身的发展特性。一个学校在体育活动方面形成的文化传统会相对稳定地被继承下去,它是学校教育的一种氛围与环境,是师生员工共同创建的校园文化,是校风的有机组成部分。一个学校的体育文化不是在短时间内就可以形成的,需要长期地积累和发展,需要不断地耕耘、建设与完善。可以说一个学校的校园体育文化是在继承与连续中逐渐演变而来的。

（五）竞争性与协作性

竞争是体育运动的灵魂,也是学校体育文化的核心内容和精彩所在,没有竞争就没有发展和进步,也就失去了体育文化最核心的魅力。

校园体育文化的竞争性是公开的、公正的、得到鼓励和支持的。学校是为国家和社会培养人才的地方,未来社会竞争只会更加激烈,因此学校会积极培养和鼓励学生养成竞争意识与遵守竞争规则,校园的体育文化是最合适的载体。通过参加学校的体育活动,学生可以公开地、正式地演练。丰富的学校体育竞赛是最佳的演练场。同时,体育也是锻炼团队协作精神的重要途径,现代社会早就告别了崇拜个人英雄主义,未来社会倡导的是合作与共赢的价值理念。而体育文化中的团队协作和集体活动是培养学生协作精神的最佳实践机会。

（六）多样性与灵活性

校园体育文化具有形式多样、方法灵活多变的特征。有个人活动、小组活动、班级活动,也有年级活动、全校活动,还有兴趣小组活动、学生社团活动、俱乐部活动等各种体育活动的组织形式,可以满足各种学生的不同体育运动需求。有些活动是学生必要参加的,比如班级活动和全校活动,这是为了保证学生基本的身体发展需要。也有些是自主选择的,比如俱乐部、社团的体育活动,学生可以根据自己的兴趣和情况灵活选择、随时调整,是一种自由轻松的组织形式。

三、校园体育文化的功能

（一）育人功能

校园体育义化首先体现为多重的育人功能,对于培养学生的德、智、体、美的全面发展起到重要作用,并且会贯穿育人的整个过程中。学校体育文化的育人功能主要体现在以下几个方面。

1. 促进学生体质发展

校园体育文化有促进学生加强身体锻炼,积极参加各项体育运动的导向作用。通过有组织的体育课程、定期举办的竞赛活动,以及校园内完善的运动场地和设施,从多方面促进学生身体健康地生长发育,提高学生的健康水平,这是校园体育文化发挥的主要功能。对于成长中的青少年学生来说,校园内有规律、有组织、有专业教师指导的体育锻炼是非常宝贵和重要的资源,可以全面促进身体的生长发育,不仅可以增强体质,还有助于身体各器官的协调发展,提高整体的机能水平。

学生通过长期的体育运动,促进了新陈代谢,使身体更具旺盛的生命活力。

2.促进学生智力发展

体育运动有增强智力发展的功能,可以提高学生集中注意力、练习专注的能力,还可以锻炼情绪的调节能力,从而可以完成艰难、复杂活动,以及提高学生的洞察力、判断力和决断能力。因此,校园体育文化活动对学生智力发展有着重要的促进作用。而且,经常参加各种体育文化活动可以开阔学生的视野,提高学习热情和学习效率,适度地消除大脑疲劳,缓解心理压力。参加体育文化活动还可以提高学生的观察能力、思维能力、想象力、注意力和记忆力。

3.促进学生个性发展

一个人的个性是指一个人的心理特征表现和行为特征表现的总和,它受到先天和后天的综合影响,个性一旦形成基本上会比较稳定、持续地存在,不会轻易发生改变。处于青少年时期的学生,正是个性形成的重要时期,特别是意志、兴趣、爱好、抱负、观念、理想等方面,会受到外在环境和实践经验的影响,多参加校园体育文化活动,可以有效地促进学生个性与世界观、价值观的发展。人的个性发展需要一个较长的过程,存在着成熟、完整、完善这样几个阶段,学生在校期间除了会受到教师、同学和学习过程的直接影响之外,还会受到校园体育文化的潜移默化的影响,而多样、丰富、积极的体育文化氛围对学生的个性形成发挥着重要作用。个性的形成和发展是通过大量的实践活动而得以实现的,是社会化的产物。学生在学校中通过积极参加校园的体育文化活动,会在生理和心理上都得到重要的体验,这些体验会加快学生的社会化进程。

体育竞赛活动特有的对抗性、竞争性和不确定性,能引起学生心理上的极大关注。而运动竞赛能在短时间内得到结果和完满的体验,使学生体验到紧张、痛快、敬佩、自豪等各种情绪,对于培养学生胜不骄、败不馁的个性品质具有促进作用。总之,学校体育文化活动能促进学生的情志发展,使学生更加朝气蓬勃、充满活力。

4. 提高学生的适应能力

校园内丰富的体育文化活动可以锻炼和提高学生的适应能力。比如,通过体育活动可以提高学生对外界环境的适应能力,从而可以提高他们应对复杂的自然环境和社会环境的能力。经常参加体育活动的人的大脑皮层对各种刺激的分析能力、整合能力、反应能力都表现得更强、更敏感,对时间、空间和体位的判断能力也较强。另外,学校的体育文化活动还能提高学生的社会适应能力,学生通过参加各种体育文化活动,培养了顽强拼搏、积极进取的意志品质,并逐渐将这一品质内化到自己的个性和价值观中,从而更好地适应今后的社会生活和工作。

5. 调节和疏导心理的作用

校园体育文化活动对学生具有明显的心理疏导功能。学生在成长过程中面临着很多挑战,有时候他们的心理承受能力会跟不上外界事物的发展变化的要求,会出现一系列的情绪问题,比如焦虑、压抑、狂躁等,都会给他们的学习和生活造成困扰。而适当的体育文化活动可以很好地起到调节和疏导心理和情绪的作用。体育文化活动可帮助学生们进行放松,消遣娱乐,使他们可以获得暂时的满足与平衡,有助于心理调节。

6. 传授体育与健康知识

通过参与校园体育文化活动,学生还可以学到丰富的体育文化知识、运动技能,以及有关健康的常识、保健方法等。然而这些知识的学习是随着成长过程而日积月累地发生的,而通过参加体育文化活动的形式获得是非常合适的渠道,学生们可以在实践中体会这些知识与技能的重要性,会自然而然地重视起来,而且一旦学会也不容易忘记。随着校园体育文化活动的普及,学生对校园体育文化活动的关注和重视也日渐增加,所获得的健康常识、运动知识也越来越多,而这些都是让学生终身受益的内容。

7. 培养学生的审美能力

体育本身就是一种健与美相统一的活动。经常进行体育锻炼的人往往能拥有更健美的体魄、更饱满的精神状态,整个人的体态和气质更有活力,动作更加矫健,这些都是健康的标志,也是人体美的体现。校园体育文化活动是针对青少年身心发育的需要而特别策划的活动内容和活动形式,因此是非常有效地培养学生形体美、仪表美、姿态美、心灵美的途径,同时,在一系列的体育文化活动过程中,还能培养学生发现美、感受美、鉴赏美、表现美和创造美的能力。

(二)社会功能

1. 促进学生社会化意识的形成

校园体育活动的频繁举行可以培养和提高学生的规则意识和竞争意识,这是对学生社会化的良好促进。规则意识是一种界限意识,它是社会生活中十分重要的一项基本守则,是维护社会秩序良性发展的重要保障,是每一位社会公民都应该具有的基本常识。而这种社会化意识的培养并非一朝一夕就可以完成的,它需要一个相对长期的过程,相对于课堂授课的方式而言,通过校园体育文化活动的培养会更有效。校园的体育文化活动本身就是社会的缩影,不同的体育活动对应着不同的活动规则,学生在参与的过程中需要适应和遵守各项规则,这是培养学生形成规则意识和法律意识的良好途径。同时,学校体育文化活动对竞争、合作的鼓励和追求,也在某种程度上增强了学生的竞争意识和协作意识。这些都是一个人社会化过程中所必需的能力。

2. 促进学生的社会化发展

校园就是一个缩小的社会互动场所。学生可以通过参与校园内的各种体育文化活动,以及对抗的体育竞赛,学习和练习个体之间、集体之间的社会交往模式,掌握适应社会生活所必需的知识、技能,培养遵守社会生活准则的习惯,学会按社会所允许的生活方式进行生活,养成社会所需要的个性特征。总之,校园体育文化活动在人的社会化过程中,具有非常重要的作用。

3. 激励社会情感

校园体育文化活动还具有激励社会情感的功能。学校的教学实践还包括努力营造和谐良好的校园氛围的内容,而这种氛围会通过体育文化活动这样一种具体活动形式得以体现。当学生置身于一个良好的心理氛围与和谐的人际关系环境中时,会获得精神上的满足,并对集体产生归属感、安全感和责任感。校园体育文化活动还能增强学生的使命感,激励学生保持高昂的情绪和进取精神。

4.加强学生之间的凝聚力

校园体育文化活动还起到连接和凝聚学生情感的功能。除了紧张的学业之外,学生之间以及师生之间应该还具有更丰富的情感联结,这样才能形成积极健康的人际关系。通过参与校园体育文化活动,师生之间、学生与学生之间的关系都会得到加强,通过努力克服困难实现一个共同的目标,将极大地提高学生的归属感、使命感、责任感,同时增强了集体的向心力和凝聚力,很好地培养学生的集体意识。

5.社会经济功能

随着市场经济的发展,校园体育文化活动的经济功能越来越显示出它的影响力,并发挥越来越大的作用。校园体育文化活动可以拉动体育健身消费,刺激内需的增长。一方面,学校的体育文化活动的场馆、设施、仪器设备等要满足日常的教学需求。另一方面,校园体育文化活动极大地刺激了体育产品的需求,一次学校运动会的举办会带来学生对运动器械、装备等的一次消费高峰,是一个不小的数目。学校作为一个目标与需求高度集中的特殊社区,对体育产业的影响也具有明显的影响。

第二章

校园体育文化建设与发展的现状及走向

　　校园体育文化是校园文化和体育文化的重要组成部分,其内涵深刻,外延丰富,是特殊的社会文化现象,是校园体育在长期的发展中积累的物质财富和精神财富的总和。校园体育文化在学校素质教育中发挥着举足轻重的作用,因此建设校园体育文化成为学校体育工作的一项重要任务,各级各类学校都应该高度重视和加强校园体育文化建设。本章对校园体育文化建设与发展的现状与走向进行研究,重点以高校为例展开具体研究,包括高校校园体育文化建设与发展的现状、路径、走向以及国外高校体育文化建设对我国的启示。

第一节　校园体育文化建设与发展现状分析

　　近年来,我国高校的办学理念、教育理念、管理体制、校园环境以及人才培养方式等都在不断发展与完善,随着高校教育的不断发展,高校校园体育文化也脱颖而出,改变了传统教育环境下的弱势地位,逐渐彰显自身的功能,呈现出显性化发展趋向,取得了良好的发展成果。但因为我国高校校园体育文化建设与发展起步晚,再加上其他诸多因素的影响,导致发展现状仍不容乐观。下面具体分析我国高校校园体育物质文化、制度文化以及精神文化建设与发展的现状与问题。

一、高校体育物质文化建设与发展现状

在高校体育文化建设中,体育物质文化的建设是基础,高校体育物质文化相较于体育制度文化和体育精神文化更容易被感知,是有形的体育文化内容。高校体育物质文化主要包括高校的体育馆、运动场地、体育器材设备、体育建筑、体育雕塑等。高校体育经费充足、体育场地宽阔、运动器材功能齐全、运动设备先进、体育图书音像材料多等,这些都是体育物质文化丰富的表现。丰富的高校体育物质文化是烘托高校体育氛围、进行高校体育文化建设的重要基础条件,能够冲击大学生的心灵,激发大学生参与体育运动的动机和积极性。因此,在高校体育文化建设的规划中,应首先进行体育物质文化建设。

下面主要从高校体育经费、体育场地设施、体育宣传设施、体育运动器材以及体育图书音像教材资料等几方面来分析目前我国高校体育物质文化建设的基本情况。

（一）体育经费现状

充足的体育经费是进行高校体育文化建设最基本的条件和保障,将体育经费纳入体育物质文化范畴主要是因为其能够提供基本的物质保障。据调查了解,有关部门主要根据高校体育发展的具体需要划拨体育经费,高校体育经费主要用于对体育场地的建设与修缮、体育器材设备的购买与维护以及体育图书音像资料和体育服装的添置等几个方面。此外,体育经费也用于高校运动会的组织与实施、高校运动队训练以及高校体育比赛的奖励等方面。由于高校体育工作任务繁重,很多方面都需要开支,因此现有体育经费不够充足,有待进一步加大投入力度。

（二）体育场地设施现状

随着高校教育的不断发展,各个学科的软硬件建设力度也不断加大,在体育学科建设中尤其重视对体育场地设施的建设与完善。一所高校的办学实力一定程度上体现在学校硬件设施的建设中,其中自然包括醒目又有亮点的体育场地设施,这也是体育场地设施建设受到高校领导重视的一个主要原因。在高校领导的重视下,高校体育场地设施条件得到明显改善。

然而,近年来高校招生规模不断扩大,而高校体育场地设施资源相对有限,导致体育场馆的人均占有面积减少,这对高校体育课程教学的组织实施及课外丰富体育活动的正常开展造成了严重的制约。

另外,一些高校为了延长校园体育场馆设施的使用寿命,在课余时间不向学生开放场馆,体育场馆主要用于上体育课、学校运动队训练和举办体育比赛等,这样大学生参加课外体育活动的基本需求就很难得到满足。而在课内外均对外开放的体育场馆设施的耗损率比较高,因为体育经费的短缺,耗损严重的体育场馆设施得不到及时的修缮,这不仅影响了场馆正常功能的发挥,也对场馆使用者的安全造成了威胁。

(三)体育宣传设施现状

在大学校园中,为了对大学生的体育价值观、体育精神进行正确引导,需要加强体育宣传设施的建设,包括体育宣传栏、体育广播、体育刊物、体育板报等,利用这些宣传手段可以对优秀运动员的光辉事迹进行宣传,从而培养大学生的爱国主义精神,强化其爱国情感,对其民族自豪感予以激发,促进其体育精神、体育价值观的形成与完善。

当前,我国高校体育宣传设施的建设以硬件建设为主,而对富含精神意义的软件建设不受重视,而且现有宣传方式和手段不够多元,没有很强的宣传力度,采用传统宣传手段进行单一宣传所起到的宣传效果较弱。随着信息技术在高校的传播与应用,信息化宣传手段逐渐出现,对传统宣传手段造成了冲击,但现有信息化宣传手段的利用率低下,宣传效果也没有达到预期。

(四)体育运动器材现状

随着高校对校园体育硬件设施建设的重视和投入力度的增加,高校体育运动器材种类和数量不断增加,功能越来越齐全,基本可以使体育教学和运动训练的需要得到满足。但也有部分学校因为体育经费短缺而无法配备充足的体育器材,甚至已有器材都不能满足正常体育教学之需。此外,高校的体育运动器材基本都是供教学和训练所用,其余时间较少供大学生参加课外活动使用,影响了大学生参加课外体育活动的积极性。

（五）体育图书音像教材资料现状

体育图书音像教材资料也是高校体育物质文化的重要组成部分,是提升大学生体育意识、培养大学生体育观念和体育文化素养的重要资源。有关调查显示,普通高校、重点高校、体育院校的体育图书音像教材资料比较丰富,可以使正常教学需要和大学生课外阅读的需要得到满足。但依然有较多的高校因为学校领导不重视、体育经费短缺等原因而不具备充足完备的体育图书音像教材资料,影响了正常教学,也影响了大学生课外体育阅读的积极性。

此外,很大一部分高校的图书馆没有体育书刊资料,或没有高质量的资料,或只有陈旧的资料,没有及时更新,导致师生无法顺利对体育资料进行查阅,制约了高校体育科研和体育教学活动的开展。

二、高校体育制度文化建设与发展现状

在高校体育文化体系中,制度文化居于中间层面,是将高校体育物质文化和高校体育精神文化连接起来的"中介"和"纽带"。高校体育制度文化主要表现在高校师生的行为方式或行为活动中,对高校体育制度文化的建设始终都是高校体育文化建设的重头戏。

下面主要从高校体育传统、体育制度及体育管理体制三个方面来分析高校体育制度文化建设与发展的现状。

（一）体育传统现状

高校体育传统是高校集体体育行为风尚,其在高校较为流行,体现在高校丰富多彩的体育活动中,具有普遍性、稳定性和重复性等特征。高校体育传统的常见内容有运动会、体育文化节、体育知识竞赛、体育知识讲座等。

在高校体育传统的各项内容中,比较受重视的是体育运动会等竞赛性的体育活动,和运动会相比而言,其他体育传统内容如体育知识讲座、体育文化节、体育知识竞赛等受重视程度较小。从高校开展这些体育传统活动的实践来看,很多工作还存在各种各样的问题,缺乏有序性和有效性。

总的来说,高校体育传统建设侧重于竞技体育活动内容,不重视普

及体育知识和举办体育文化节活动,导致高校体育传统不具备一定的深度,没有发挥应有的作用。

（二）体育制度现状

高校体育制度是在高校长期的体育实践中根据高校体育发展规律、发展特点及发展需要而制定的各种体育法规条例、规章制度以及运动项目竞赛规则与裁判法等。高校体育制度文化具有规范性、强制性等特征,这些特点主要是从高校体育制度对高校体育文化主体行为的约束与规范中体现出来的,受高校体育制度影响较大的是高校的一些体育组织,如体育俱乐部、体育协会、运动队等。

从我国高校体育制度文化建设的情况来看,高校比较重视大学生体质测试和各类体育竞赛活动的开展,有关部门采取多种方式而对此进行广泛宣传。然而,高校体育规范、体育奖惩机制等体育人文制度方面的建设不受重视。这是我国高校普遍存在的重竞技轻人文的问题,如果不重视对大学生体育人文精神的培养,那么必将对高校体育精神文明建设造成影响,并对高校体育文化的整体发展造成制约。

此外,高校关于大学生体育文明规范制度及大学生课外体育活动制度的建设也普遍处于缺失状态,从而导致高校课外体育活动的开展杂乱无序,大学生在校园体育活动中存在一些不文明的言行举止,在高校体育制度文化建设中必须解决这些问题,以促进高校体育精神文明建设。

（三）体育管理体制现状

在高校体育传统管理体制下,大学生受到很多条条框框的限制,体育教学也比较枯燥乏味,体育教学考评方式单一,这对大学生参与体育活动的积极性及其在体育活动中发挥个性造成了限制,制约了大学生的个性化和全面发展。高校课外体育活动很多都流于表面,有组织有规模的大众化的体育活动较少,而且大学生课外体育活动缺乏专业人士的指导,导致课外活动开展效果不佳,也影响了大学生参与的积极性。高校体育组织很多是由大学生自发建立的,但因为大学生缺乏组织经验,缺乏完善的管理制度,导致体育组织管理不当,体育组织的运行困难重重。此外,在高校传统教学观念的影响下,大学生学业负担较重,参与体育活动的时间受到限制,其日常学习、生活与开放向上的高校体育文化缺乏紧密的联系。

高校体育管理体制不健全、不完善导致高校体育管理实践中存在以下几方面的问题。

1.高校体育文化环境自发形成,缺乏引导

高校体育文化环境的建设应该是有计划、有组织的,应该受到高校领导的支持与重视,在有序推进高校体育文化环境建设的过程中不断完善各项体育规章制度,为高校体育文化环境的优化提供良好的制度保障。但目前我国高校体育文化环境建设受重视程度小,没有得到校领导的大力支持,体育文化环境自发形成,没有计划性和组织性,混乱无序,缺乏正确的引导与全面的管理。

2.重形式,轻内容

高校体育文化建设应该既要有内容,又要有形式,将表面的形式与实际的内容紧密结合起来。但实际上一些高校平时对体育工作不重视,却将每年的运动会张罗得很壮观,很轰动,短暂的热闹之后一切回归到平时的沉寂中。这种形式主义的做法、没有内在的表面工程,很难将大学生持久参与体育活动的热情和兴趣激发出来,也难以培养大学生正确的体育观和体育精神,最终导致高校体育文化氛围不浓。

3.重特色,轻多元

一些高校过分注重某一项或两项传统优势体育项目的发展,而对其他项目毫不重视,而且整合各种资源来集中发展传统优势项目也是为了表面成绩。体育文化活动是丰富多彩的,大学生是充满个性和创造力的,如果只开展单一的项目,一味强调特色,将多元化的体育文化活动忽视,则不利于营造浓郁的校园体育文化氛围,无法彰显高校体育文化的生命与活力。

三、高校体育精神文化建设与发展现状

在高校体育文化体系中,高校体育精神文化居于主导地位和核心地位,发挥着至关重要的作用。而在高校体育精神文化中,居于本质与核心地位的则是体育观,其对高校体育文化发展的方向和目标有决定性影响。高校体育精神文化是高校体育意识和高校精神文化的重要代表,其有深刻的内涵和丰富的外延,是高校体育文化建设中的重中之重。高校体育精神文化由体育信念、体育价值取向等组成,这些内容是对高校深层体育思想的反映,应该是校园人普遍认可的。加强高校体育精神文化建设有助于增强校园师生的向心力、凝聚力,有助于对大学生正确的思想观念、良好的道德品质及个性心理进行培养。

下面主要从高校体育观念、体育风尚、竞技体育开展三个方面来分析高校体育精神文化建设与发展现状。

（一）体育观念现状

体育具有健身价值、心理价值、娱乐价值、审美价值以及德育价值等多元价值,人们对这些体育价值的认识态度就是所谓的体育观念,体育观念在规范与引导人们的体育行为方面发挥着重要的作用,是人们在体育实践中表现出良好行为和内外一致的重要内驱力。

随着高校精神文明建设的不断发展与优化,大部分大学生形成了正确的体育态度和体育观念。但不可否认很多大学生的体育观念较为浅显,缺乏深度,只看到了体育的健康价值、娱乐价值,忽视了其深层价值,如情感价值、个性培养价值、德育价值等。甚至有些大学生不认可体育的这些深层价值。大学生在体育实践中感受到了快乐,增强了体质,结交了朋友,丰富了生活,因此对体育的基本价值较为认可。但体育培养个性、提升智力、发泄情感的深层价值却很少有学生能理解与体会。

总的来说,大学生树立了基本正确的体育观念,但观念层次缺乏深度,对体育较深层次的价值与意义缺乏认识、理解、感受与体会。

（二）体育风尚现状

大学校园应该是朝气蓬勃、生机盎然、充满活力和生命力的,是积极向上、乐观进取的,是勇于实践和敢于创新的。要创建这样一个大学校园环境,就要充分发挥体育精神文化的作用,尤其是体育道德风尚的作用,通过弘扬体育道德、培育体育精神来促进良好学风、校风的形成,促进大学生良好运动习惯和生活方式的形成,促进校园关系的和谐。

调查发现,高校大学生中少数学生可以自觉主动地参加课外体育锻炼,很多学生参加体育锻炼都只是偶然的行为,没有长期坚持参与的意识和习惯。而有阅读体育书刊习惯的大学生更少,从来没有阅读过任何体育刊物的大学生占到一定的比例,观看体育节目的学生较多,但大多是观看奥运会、世界杯这样的重大体育赛事。此外,对体育新闻关注较多的学生也比较少。总体来看,大学生的体育意识不强,体育行动不积极,良好的运动习惯尚未养成,这说明高校校园体育行为风尚不够普遍和缺乏相对稳定性。

(三)竞技体育开展现状

高校竞技体育活动的开展有助于对大学生的道德品质、意志品质进行培养,有助于促进大学生人格的健全与完善。开展竞技体育活动不仅对参与者有重要影响,也能给观众带来影响。大学生对精彩竞技体育比赛的观看有助于对运动员的体育精神产生深刻的体会与感受,能够培养大学生的体育兴趣,实现大学生通过观看或参与体育而结交朋友的目标,促进人际交往和人际和谐,也能对大学生的心理品质进行培养,使其精神面貌得到改善。

上面提到大学生的体育观念虽然正确,但较为粗浅,缺乏深度,这个问题同样存在于大学生对高校竞技体育开展效应的认识上,大学生在这方面的认识观念比较传统,没有深入思考体育理念、体育精神,这与大学生粗浅的体育观念有直接的关系。很多大学生认识到体育竞赛对培养体育兴趣、丰富体育知识、培养集体荣誉感的重要作用,但对体育竞赛其他深层的意义和价值缺乏深刻的认识,如可以使人的体育文化态度得到端正、使人深刻理解体育教育理念等。这说明大学生对体育竞赛开展的效应认识仍停留在初级层面,缺乏对体育精神、体育理念的深入理解。

第二节　校园体育文化建设与发展的路径及走向

一、高校体育物质文化建设与发展路径

(一)加大体育物质文化建设的资金投入力度

体育经费是高校体育物质文化中最基本的物质保障,加大体育经费投入力度,合理分配体育经费,有助于推动高校体育物质文化建设,改善体育场地、体育器材等基础设施,配备教学器材和健身器材,确保高校体育活动安定有序,提高高校师生参与体育活动的积极性。无论是体

育场地建设还是体育器材配备都需要一定的资金投入作为支撑。充足的资金投入是基础设施建设和更新的重要物质保障,因此加大资金的投入很有必要。高校领导应该合理规划经费,提出一部分经费用于修建体育场馆、更新体育设施、增加图书馆体育类书籍的藏书量、购置教学器材、设立体育奖学金,做到专款专用。政府也应大力扶持,除了拨付经费外,设立专门的"体育奖学金""体育基金"等,为高校体育文化建设提供保障。①

具体可以从下列几方面来解决资金问题。

第一,政府部门通过下发文件、宣传体育精神来提升高校领导对高校体育文化建设的关注度,并给予资金支持。

第二,面向社会筹集资金,如社会体育组织、企业赞助、社会基金会等。高校也可以举办体育商业活动,提升造血功能,拉动赞助。

第三,整合高校周边公共资源,将校外资源用于校内活动中,以节约新建场地设施的经费。

(二)提高高校体育设施的利用率

随着经济的快速发展,人们对健康的关注日益剧增,体育人口数量不断增加,所以需要大量的体育活动场地设施。近几年高校大学生人数也在不断增加,高校体育基础设施建设力度加大,以满足高校体育发展的要求。高校需新建运动场馆,完善体育设施,充分利用体育设施资源,面向社会有偿提供闲置体育场地,合理吸纳资金用于维护和管理场馆,从而解决体育经费不足的问题。

高校应加强完善体育场馆经营和管理体系,改造传统经营方式,采取新的经营管理方式,高度掌握对体育场馆的经营权,削弱政策的过分干预,协调各部门之间的关系,提高体育场馆管理人员的参与度,切实促进高校体育场馆利用率的提升。

(三)高校体育物质文化建设要体现文化底蕴

高校体育物质文化是高校体育文化的物质载体,是整个高校体育文化的外在标志。建设高校体育物质文化的目的是使它成为体育精神文

---

① 程会娜.大学生校园体育文化解析[M].西安:世界图书出版西安有限公司,2018.

化的载体,所以说建设体育物质文化是手段,而非目的。如果高校体育物质文化建设脱离体育精神文化,与体育精神文化不协调,那么它就失去了文化建设的意义。体育物质文化中所包含的精神元素是体育文化建设中实质性和根本性的组成部分,忽视精神文化建设,体育物质文化建设就只能流于形式。因此要增加高校体育设施的文化底蕴,彰显其体育精神气质。

宽阔的绿茵足球场、简洁的跑道、整齐有序的运动器械、造型优美的运动雕塑、气势恢宏的体育馆等构成了美不胜收的高校体育物质文化环境。为了体现高校体育物质文化的内在底蕴,体育物质建设既要讲究实用,又要讲究美观和谐,注重人文关怀,提升文化品位,彰显个性特色。在体育建筑上要结合高校的地理环境、办学特色而体现创意,外观开敞、通透,空间组合灵活,避免过于稳重而不够活泼,要以动态感的意象去表现个性,要符合心理学的要求,给人一种跃跃欲试的良好感觉。[①]

高校体育物质文化建设还应讲究层次性,有面有点、点面结合。此外高校还应该根据需要来进行雕塑、壁画等艺术精品的建设,以拓展校园体育文化环境的空间,丰富校园体育文化内涵。

二、高校体育制度文化建设与发展路径

(一)形成高校体育文化共识

树立正确的体育观、提升个人体育素养、积极参加体育活动应当成为高校师生的文化共识。高校应在这几方面下功夫,让师生清晰地认识高校体育文化的概念与结构、特点与功能,将这种共识变成高校体育发展的助推器。

1.提升个人体育素养的共识

(1)加强体育文化知识的学习

知识的学习可以夯实理论基础,提升高校师生的个人体育素养。高校大学生在日常学习中极少接触体育文化相关理论和专著,其实践也仅限于体育课和课外体育活动,因而大大限制了体育素养的提升。因此要

---

① 王建军,白如冰.高校体育文化教育研究[M].长春:吉林美术出版社,2018.

使高校师生在提升个人体育素养方面达成共识,必须学习体育理论知识,提升对于高校体育文化的认知,最终全面提升体育素养。

（2）提升体育技能和水平

体育素养涉及面广泛,要充分利用高校条件而提升大学生的体育技能和水平,善于发现大学生的运动潜力,挖掘与培养大学生体育人才。

（3）客观评估,及时改进

大学生要从自身实际出发对自己的运动水平进行综合评估,找出阻碍个人体育素养提升的影响因素,并在实践过程中不断改进。这就要求大学生在体育学习、体育锻炼的过程中不断进行自我反思,找到问题,并有针对性地解决问题。

2. 形成积极参与体育活动的共识

高校体育文化建设应注重理论与实践的结合,这要求高校体育教育不仅要重视体育基础知识教育,同时要注重实践教育,只有"知行合一"才能形成高校体育文化的共识,取得更好的教学效果。高校大学生参与体育活动的自觉性和主动性较差,一些高校体育教师在体育教学中简单告诉学生该怎么做动作,而忽略了讲述体育文化知识,或将理论与实践完全分割开来,理论和实践相脱节,这直接影响了大学生体育文化素养的提升。而培养大学生积极参与体育活动的意识,加强体育理论知识教育,有利于提高大学生的体育素养,丰富和完善大学生的体育观。此外,鼓励大学生参与体育实践活动和体育竞赛,有助于激发大学生的进取心、团队精神、集体荣誉感。高校还可以为大学生提供参与体育实践调研活动的机会,使大学生开阔眼界,了解新的体育项目。[①]

（二）加强高校体育管理制度建设

健全和完善的高校体育管理规章、体育法规是高校体育文化活动的基本准则,是高校体育文化规范化的关键因素,也是高校体育文化不断发展的保障。在高校体育制度文化建设中应该努力完善高校体育管理规章制度,加强规范化管理。

具体来说,可以从以下几个方面加强高校体育管理制度建设。

（1）将"终身体育"理念落实到高校体育工作和管理的方方面面,

---

① 何伟. 新时代我国高校体育文化建设研究 [D]. 江西理工大学,2021.

培养大学生积极向上的体育精神，拓宽其体育视野。

（2）建立高校体育组织管理体系，加强改革和完善。高校体育部门与社会体育相关机构联合起来从宏观角度重点进行高校体育文化建设。高校体育管理部门细化体育管理工作，结构、层次清晰分明，提高管理的科学性和有效性。

（三）制定高校体育网络监督制度

在信息化时代的今天，人们的生活已经离不开网络，网络成为社会生活的重要组成部分之一。信息网络技术在高校教育中的渗透也非常深入，校园网络建设这项重要内容已被纳入高校校园文化建设体系中。高校应将信息化网络技术充分运用起来，在校园各个方面和角落全面推进数字化校园建设，对校园体育网站进行建设，为师生享受高校体育文化建设成果而提供便捷式服务。为了促进大学生体育文化生活的丰富，还应该依托高校网络资源而对具有高校特色的体育健身、体育康复、体育赛事等栏目进行创建。

大学生在日常学习和生活中对网络的使用极为频繁，网络文化给大学生带来了非常大的影响。高校应利用网络文化普及这一优势而将网络资源运用到高校日常管理中，包括日常体育管理，建立体育网络管理机制，制定相关管理制度，并在高校体育工作的年终考核中确定体育网络管理成果这项考核指标，在考核过程中对网络信息的筛选和过滤都必须严格把关，禁止出现不良网络信息内容，通过网络监管而对大学生使用网络的动态有所把握。

在高校体育网络监督制度的运行中，为了确保各项制度的顺利落实，有必要对专门的体育文化网络监管部门进行设立，以便更好地依托网络平台而提高监督与管理的力度。由于网络环境较为复杂、混乱，网络平台上常常遍布一些不良言论，对此，体育网络监管部门应加强管理，正确引导大学生利用网络平台来获取体育相关信息，并加强网络健康教育，共同维护网络文明环境，避免大学生受到不良网络环境的影响。

高校体育文化网络监管部门的工作既要有体育专业人员的参与，又要有信息技术专业人员的参与，同时也要鼓励大学生监督该部门的工作，保证监督管理的民主化，提高管理实效。

三、高校体育精神文化建设与发展路径

(一)坚持正确的指导思想

无论高校体育文化的发展如何丰富和多元,都必须在科学而先进的思想的指导下进行建设,不能超出新时代正确指导思想的范畴,更不能与正确的思想相违背。因此在新时期进行高校体育精神文化建设,必须坚持新时代中国特色社会主义思想的科学指导。

在新的历史时期,高校办学和高校校园文化建设旨在对全方面发展的优秀大学生人才进行培养,使青年大学生拥有强烈的民族使命感、民族自豪感和民族责任感。高校校园文化的时代特征表现为开放性、多元性,高校校园体育文化的形成、建设与发展和具有时代性的高校校园文化密切相关。结合高校校园文化的时代特性而进行高校体育精神文化建设,必须坚持中国特色社会主义核心价值观的正确引导,对大学生的综合素质进行全面培养,促进大学生全方位健康持续发展,使大学生在充满挑战与竞争的社会生活中能够以健康的心态而积极应对,努力拼搏,不断开拓进取。

近些年,高校体育教育的发展形势良好,但高校校园体育文化的建设依然没有受到很高的重视,尤其是校园体育精神文化建设,从而影响了高校体育的发展。在新时代背景下,高校必须重视和加强体育精神文化建设,结合中国特色社会主义发展的具体要求,植根于中国特色社会主义先进文化而进行科学建设,突出高校体育精神文化的科学性、可塑性、独特性与传承性。

西方体育文化在我国大学校园的传播与渗透对我国传统体育文化在高校的传承与发展造成了极大的冲击,虽然我们强调体育文化的多元性,要建设多元校园体育文化,但不能一味重视西方竞技体育文化而忽视中国传统体育文化,对此,我们必须坚持正确的指导思想,加强高校传统体育文化建设,大力宣传国家意识形态和主流文化,传播马克思主义中的体育理念,加强思想政治教育引导,营造良好的校园体育精神文化氛围。

(二)培养大学生的体育意识

树立正确的体育意识,培养丰富的体育兴趣和良好的体育习惯,提

高体育运动能力和自我保健能力，促进身心健康发展，为全面发展打好基础，这是当代背景下高校体育工作对大学生的基本要求。大学生对体育的认识、理解尤其是对体育运动作用和意义的认识与理解是其体育意识的集中体现。体育意识正确且强烈的大学生有很强的参与体育运动的需求、欲望和动机，并在体育活动的参与中表现出良好的体育行为习惯。

在高校体育精神文化建设中必须重视对大学生体育意识的正确培养，将体育理论知识教育、体育实践教学有机结合起来，促进大学生体育意识的形式与全面提升。在素质教育理念下，大学生通过学习文化知识而提高了文化素养，这使得他们对体育的认识与理解摆脱了以往简单直观的思维方式，形成了理性思维，并能自主判断，在大学生的思维方式发生积极性转变时加强体育理论教育和体育文化宣传，更有助于提升大学生的体育意识。

在大学生体育意识的培养中，要充分发挥体育教育的作用，基于对体育运动发展历史的把握和发展规律的总结，结合高校体育特色和体育教育的时代特征，对体育教育知识内容进行优化选择，通过实施这些体育教育知识而满足大学生的需求。此外，合理安排体育教材内容的同时也要加强与实践的结合，用科学的教材内容指导实践，从而使大学生在良好体育意识的指导下主动参与丰富的校内外体育实践活动，提升参与的积极性和提高参与效果。

（三）培养大学生高尚的体育道德

高校体育精神文化包括高尚的体育道德和良好的体育行为习惯，这也是高校体育精神文化建设的重要内容。高等院校知识密集，人才济济，大学生作为中国社会主义事业的接班人，他们的思想道德水平对社会主义现代化建设具有重要影响。体育运动具有培养良好思想品德和健全人格的重要价值，因此我们要将高校体育文化的导向功能、育人功能充分发挥出来，对丰富多彩的校园体育活动进行组织与举办，鼓励大学生积极参与活动，促进大学生体育道德水平的提高和体育素质的综合提升。

在高校丰富多彩的体育文化活动中，要大力宣传科学的体育思想和体育价值观，如竞争的公平与公开，在竞赛中对对手和裁判的尊重以及对规则的遵守，要求真务实，不断创新，要规范行为举止，表现出良好的体育道德风尚和美好的人格,使大学生在耳濡目染中提升自己的体育道德水平。此外,高校还要将各种传播媒介利用起来,大力宣传我国优秀体育运动员在国际大赛上为国争光的光荣事迹,从而对大学生进行爱国主义教育,对大学生的民族情感进行培养,并对其世界观、人生观的建立进行正确引导。

（四）对大学生进行体育精神的培育

体育精神是高校校园体育文化的重要内涵,更是高校校园体育文化的核心。在体育文化体系中,体育精神文化居于最高层次,对人们的体育行为具有重要影响。体育精神具有很强的影响力,尤其是凝聚力和号召力,高校体育精神是高校在长期的体育实践中形成的文化底蕴和积累的精神财富,如遵守规则、公平公正、诚实善良、友好互助、热爱祖国等。

随着社会经济的发展和人民群众生活水平的提高,大学生的物质条件得到了极大的改善,但他们的精神世界较为空虚,缺少精神财富,这从他们的一些行为中就能体现出来,如急功近利而非脚踏实地、考试舞弊、学术不端、缺少诚信等。要解决这些问题,必须发挥体育精神的引领作用,将体育精神作为大学生前进的灯塔,指引他们前行,对大学生在务实精神、规则意识、公平观念、诚信美德等方面进行培养,这些对高校体育精神文化建设和高校精神文明建设都具有重要意义。因此,高校要面向大学生进行体育精神的弘扬,将真善美传递给每个大学生,并由大学生传递到社会,使体育精神的影响力遍布社会各个方面,推进社会主义精神文明建设。

四、高校体育文化建设与发展的走向

随着时代的进步与社会的发展,我国高校积极建设校园体育文化,加强校风、学风建设,取得了可观的成果。学校借助丰富的体育活动载体,创建具有特色的校园体育文化,同时将国际先进体育文化引入校园,与国际、时代接轨,实现高校校园体育文化的创新发展。

下面主要从三个方面来阐述高校校园体育文化的发展走向。

（一）高校校园体育文化建设以核心价值为起点,引导大学生强身健体

让人们保持良好的身体状态和精神状态是体育的宗旨,高校体育教

育主要是通过体育运动载体来培养大学生健康的身心素质,促进大学生身心健康,围绕这一核心开展教育活动。近年来,随着经济的发展与社会的转型,健康隐患越来越多,人们对身体锻炼的认识不足,因此亚健康人群在我国总人口中所占比例居高不下。虽然国家大力提倡素质教育,但高校大学生面临的社会压力依然很重,大学生牺牲体育锻炼时间考取各种资格证书,在长期的身心压力下,健康出现了严重的问题。而回归体育的核心价值,就要做到以下两点。

第一,培养大学生的综合素质,促进其全面发展,宣传积极健康的生活方式,建立维护大学生尊严的和谐校园。

第二,通过良好的校园体育文化铸造大学生的素质品格,培养良好的心态和文明的言行习惯。

(二)高校校园体育文化建设以教学内容为载体,塑造大学生的优秀品质

体育文化对人体各项机能产生促进性作用,对机体产生积极影响,如强身健体,增进健康。高校通过开展形式丰富的校园体育活动,可以调节大学生紧张心理、减轻大学生就业与学业负担、消除大学生不良情绪、使大学生心情舒畅,促使大学生的精神文化需求得到满足。

当前,高校体育文化建设的组织保证获得学校领导的充分重视。我国注重精神文明建设,提倡共建文化健康繁荣的时代,这反映在高校就要求体育教学质量和体育文化建设更加精益化。高校要从不同大学生的体育基础出发而因材施教,全面考虑大学生的体育能力、体育兴趣爱好、特长优势及个性特征等,加强对大学生创新能力和协作能力的培养,充分调动大学生参与校园体育文化活动的积极性与主动性。

(三)高校校园体育文化建设以舆论宣传为手段,营造体育锻炼的良好氛围

校园生活是社会生活环境的重要组成部分,大学生通过一些渠道与途径了解体育新闻、体育赛事、体育明星等体育信息,建设高校体育文化不仅需要师生共同维护,还需要校外资源和力量的支持与融入。比如,在校园体育文化宣传方面,充分利用广播、电视、报刊、网络等媒体资源,发挥这些宣传媒介的作用,广泛宣传体育赛事,向大学生普及丰富的体育知识,宣传正确的体育锻炼方法,让所有大学生都能参与体

育,享受体育成果,并自觉传播体育文化。[1]

高校校园体育文化的建设渠道在不断拓展和完善,大学生对体育文化的认知水平也在不断提高,大学生在知其然的同时也逐渐知其所以然,所以很多大学生养成了良好的体育锻炼习惯。

第三节　国外校园体育文化发展及对我国的启示

一、哈佛大学体育文化发展及启示

(一)哈佛大学体育文化的特色

哈佛大学是全美运动项目设置最齐全的大学,在校园体育文化建设中形成了自己的特色,下面进行简要分析。

1. 建设体育俱乐部文化

哈佛大学体育俱乐部的运转体系较为完善,而且效率较高。哈佛大学中每个俱乐部都有一个信息系统,添加每届社团成员的事迹及毕业去向,社团定期与社团成员联系,使得社团成员产生归属感,因此他们即使离开校园,也会为学校社团建设提供支持。充足的资金支持是社团活动开展的重要基础。哈佛大学体育社团的活动资金首先来源于社友的支持,其次是获得学校的支持,也有一部分来自商业赞助。

2. 通过体育进行教育

哈佛大学希望学生在体育运动中实现卓越的个人发展目标,认为学校有责任为学生提供良好的体育活动环境。哈佛大学开展体育运动的使命是通过体育实现对学生的教育,通过体育建立一个人人为之自豪的社区。体育已经不再是纯粹的躯体活动,除了塑造大学生健康的体魄外,也是一种引导学生完善人格、提升自我能力的必要途径。[2]

---

[1]　赵爽.校园体育文化发展趋势探析[J].商,2014(01):380.
[2]　于可红,张俏.世界一流大学与体育文化互动发展研究[D].杭州:浙江大学出版社,2015.

（二）哈佛大学体育文化建设带来的启示

在"追求真理与卓越"的宗旨下，哈佛大学将"培养社会领袖和精英"的理念贯穿于人才培养中，体育俱乐部成为践行这一理念的重要载体。哈佛大学体育俱乐部的管理既规范，又有灵活性和自主性。体育俱乐部由学生自己领导、组织、管理和运作，体育部只是起到监督与指导作用。在俱乐部活动中，学生的组织能力、解决问题能力、决策能力、应变能力、人际交往能力等得到了提升，这些能力是大学生全面发展不可或缺的重要能力。我国在高校体育文化建设中也应加强对体育俱乐部文化和体育社团文化的建设，在俱乐部活动中培养大学生的实践能力，并通过各种体育活动来发挥体育的教育价值，以体育促进教育，促进大学生全面发展。

二、美国密歇根州立大学体育文化发展及启示

（一）密歇根州立大学体育文化的特色——渗透品格教育

密歇根州立大学是美国密歇根州的一所公立大学，规模十分庞大，不仅在美国而且在国际上都位于一流大学之列，被评为"全球大学100强"，密歇根州立大学拥有非常好的校园环境，被评为"全美最大最美的校园之一"，不仅为大学生提供了良好的学习环境，也为社区居民提供了优良的生活环境。密歇根州立大学拥有丰富的体育文化，在校园体育文化中渗透品格教育是该校校园体育文化建设的一个重要特色。

下面简要分析密歇根州立大学在体育文化建设中渗透品格教育的模式与内容。

1.渗透品格教育的模式

密歇根州立大学在校园体育文化建设中，依托体育文化平台进行品格教育，将品格教育渗透与融入校园体育文化中，实现二者的深度融合。密歇根州立大学开展丰富的体育文化活动，在体育活动中进行情感教育、品格教育，对良好的校园体育文化环境进行创建，使大学生深刻感受校园体育文化氛围的浓郁和美好，激发大学生主动参与体育活动的积极性，在参与过程中享受体育文化，产生情感需求，塑造良好的品格，促进人格健全和完善。

密歇根州立大学为优化校园环境、促进校园环境的美化而不断积极建设校园体育文化,大力宣传体育文化知识,对体育文化管理机制进行完善,促进校园体育文化效应的强化和发挥,最终营造出和谐浓郁的校园文化氛围,然后在隐性的体育文化氛围中以良好的环境保障为基础而进行品格教育,这如同在校园内开设了关于品格教育的隐性课程。而这恰恰体现了托马斯·里克纳的品格教育思想,托马斯·里克纳的完善人格教育理论为密歇根州立大学在校园体育文化建设中渗透品格教育,构建渗透与融合模式提供了重要的理论依据。[①]

2.渗透品格教育的内容

密歇根州立大学将品格教育融入校园体育文化建设中,主要对大学生的归属感进行培养,并不断健全和完善大学生的人格。下面简单分析这两方面的内容。

（1）培养归属感

橄榄球是密歇根州立大学的传统优势项目,该校大力开展橄榄球运动,加强对橄榄球文化的建设,广大师生对此十分青睐,感到无比自豪。密歇根州立大学在橄榄球文化建设中设计吉祥物,举办比赛,促进了校园文化认同感的提升和强化。密歇根州立大学每年都会举行校友返校活动,而组织一场橄榄球比赛是这个活动的重头戏,校友在观赏比赛中产生归属感,强化凝聚感,就像从未离开校园一样。

（2）孕育人格

体育精神是体育文化的核心,它的教育作用极为强大,突出表现在对人格的孕育和培养中。密歇根州立大学的体育文化非常丰富,这为校园文化建设增加了丰富的养料,营造了良好的校园文化氛围,大学生置身于这样的氛围中,对陶冶情操,形成健康人格和不断健全人格具有重要意义。密歇根州立大学通过发展优势项目而创建积极向上的、充满凝聚力的校园氛围,使大学生的人格在潜移默化中得到塑造,逐渐形成,不断健全。密歇根州立大学的学生追捧学校的橄榄球队,对橄榄球表现出狂热的喜爱,共同的兴趣爱好将大学生凝聚起来,使大学生在喜爱和崇拜中陶冶情操,在陶冶中塑造健康人格。

---

① 邹媛.美国高校体育文化中的品格教育渗透——以密歇根州立大学为例[D].西南大学,2012.

（二）密歇根州立大学体育文化建设带来的启示

我国高校虽然也认识到德育的重要性,积极开展德育工作,将德育融入各个学科的教育中,但在具体实施中缺乏系统性和规范性,教育形式空泛、单一,没有层次感和多样性,而且教育内容的政治化倾向明显,再加上缺乏多元可靠的实施途径、德育工作者的综合素质良莠不齐,导致德育工作开展效果不理想,大学生缺乏高度的自我意识,从理性层面缺乏对品格塑造重要性的认识。对此,必须加强高校德育改革,重新审视德育的重要性,进一步完善德育工作。体育在高校教育中的地位举足轻重,体育也具有培养道德品质和健全人格的作用,因此应将体育作为德育的基础,充分发挥体育的道德培养作用,学习密歇根州立大学在体育文化建设中渗透品格教育的方法,保障德育和品格教育取得实效。

我国高校应加强对学校传统优势项目文化的建设,将优势竞技体育项目作为发展的重点,依托优势项目这一载体而在校园体育文化建设中渗透德育,触动情感,提升大学生的归属感和道德感,形成良好的品格教育氛围,同时可发挥社会媒体的作用,大力传播中华民族美德,提升大学生的思想品德和人格水平。此外,高校还应该不断完善体育课程,举办丰富的体育赛事,加强体育设施建设,创建良好的校园体育环境,将品格教育融入其中,发挥体育在塑造品格方面的深层作用。

第三章

校园体育文化教育

　　高校校园体育文化常常能体现出一所高校的精神气质,从某种角度可以反映该校师生的整体风貌。同时,校园体育文化还能起到一定的价值教育的作用。学生是校园体育文化的建设主体也是校园体育文化的直接受益者,校园体育文化由学生塑造同时也塑造着学生。因此,校园体育文化是高校教育的重要构成。本章将重点从大学生体育文化兴趣培养、学校体育教学体系的建设与革新、大学生终身体育能力的培养三个方面进行详细阐述,期望通过这些研究将我国校园体育文化建设的发展现状与革新路径做出全面的梳理,进而促进我国终身体育的建设和发展。

第一节　　大学生体育文化兴趣培养

　　学校体育教育的目的不仅仅包含传授体育知识,还包括提高学生的身体素质、培养学生的终身体育能力。而学生终身体育能力的培养需要从体育兴趣、体育习惯和体育能力等多方面进行,其中最根本的是对学生体育兴趣的培养。因此,学校在体育教学中的工作重点是培养学生的学习兴趣,对体育运动能够自发地热爱,能够体会到体育运动带给身心的积极体验。比如,参加一场酣畅淋漓的篮球比赛后,挥汗如雨的同学们感受到的是身心畅快,同时还体验到队友之间的默契、信任和支持,这些同样是运动带给学生的积极体验,是体育的重要价值之一。学校在体育教学中应该注重引导学生养成良好的运动习惯,创造良好的体育环境,激发学生对体育运动的兴趣,学生找到适合自己的运动项目,深刻体会到运动带来的各种益处,逐渐形成终身体育的观念,让体育运动成为自己的日常生活内容。

一、传统文化与大学体育教学

(一)体育文化与学校体育

体育文化的发展和传承是学校体育发展的一条主线。可以说学校体育是传统体育文化和现代体育文化发展的基础和重要载体。学校体育文化在学校教育中也发挥着重要的作用。学校的教育职能有相当一部分是通过校园文化实现的,比如通过潜移默化的方式引导和培养学生养成良好的道德品格、行为习惯,树立高尚的精神追求和价值观、人生观等。体育文化则是校园文化的重要组成部分,学校通过打造风格鲜明的体育文化,可以从德、智、体、美等多个方面对学生进行积极的影响和教育。学校的体育文化建设需要从物质建设和精神建设两方面同时抓起。一个重视体育文化建设的大学校园可以从它的环境建设和体育设施情况得以体现。一个现代的大学校园会特别重视建设现代的体育场、体育馆,购置全面的健身设备和设施等。比如,一个崭新的篮球场或者一条舒适宜人的塑胶跑道自然会激发学生们进行体育运动的积极性。另外,学校通过宣传体育运动对人体健康的诸多益处,宣扬拼搏进取、不畏困难的体育精神,举办多种形式的体育赛事、运动会等,都会提高学生的运动热情,提高学生开展体育运动的频率。

(二)传统文化与学校体育

中国具有悠久的文化传统,几千年的文明积淀是后人取之不竭的精神财富和文化宝藏。在现代大学校园的体育文化建设中,我国传统文化中的哲学、美学等对校园体育精神、体育文化和体育运动的打造都具有重要的指导意义。古代先贤孔子提出的"六艺"中的"射"和"御"曾是古代中国重要的体育运动形式,此外还有角力、蹴鞠、捶丸、龙舟等传统体育项目。可见中国从古代起就非常重视体育运动和体育文化的建设。这些传统文化、传统体育项目至今仍然是学校体育教育的重要资源,目前在学校体育中占有重要地位的传统体育项目包括传统武术和竞技武术。

中华传统武术博大精深,具有繁复的流派和种类,每个流派之间有不同程度的交融之处,经过千百年来不断地演化与发展,我国传统武术形成了深厚的文化内涵,成为现代大学体育教学的重要组成部分。传统武术不仅是一项体育运动,它还承载着不可替代的文化教育和文化传承的作用。尤其是近些年来,我国的高校体育教育越来越重视对传统体育运动的教学,增加当代学子对传统文化的了解途径,让他们得到更多的传统文化的滋养。传统体育是具备传统文化和体育运动双重要素的绝佳代表,因此传统体育教学在我国的高校校园中得到广泛发展,已经成为体育教学的重要组成部分,也是学生们非常喜欢的体育课程。

二、培养体育兴趣的多种途径

(一)体育欣赏能力是基础

1. 从感性角度培养欣赏能力

人们常说兴趣是最好的老师,而兴趣的培养需要从欣赏能力的培养开始。如果要培养学生的体育兴趣,首先需要让学生感受到运动的魅力,能够辨别运动水平的高低,这些都是体育欣赏能力的体现。然而欣赏能力并不是人天生就具备的,它是一个发展的过程,需要一定的时间的学习和培养才能获得。学校体育的教育要从培养学生的欣赏能力开始,但是欣赏能力并不是教师在课堂上讲解之后学生立刻就能获得的,它需要学生慢慢去感受和体会,需要不断地开阔视野、增长见识,还需要学习相关的体育知识,了解体育运动的相关规则,要经过大量的积累才能真正有能力欣赏一项体育运动。学生最初对某项运动产生兴趣,可能是因为体会到运动带来的刺激,或是被赛场上运动员的精彩表现所吸引,这些都是兴趣培养的良好开始。培养兴趣可以从感性认知开始,因为和理性相比感性更为直接、快速,而理性认知则需要投入一定的思考时间。

2. 通过实践提高欣赏能力

学生经常参加体育运动能够有效地增强体质,促进各项生理功能的发展,提高身体的新陈代谢水平。对于青年学生来说,规律的体育运动是对发育成长必不可少的一个环节。但并不是每个学生天生就喜欢运动,毕竟在进行体育运动时需要付出大量的努力,还要具备一定的运动技能,这就使一部分学生对体育运动产生逃避心理。因此,学校在体育教学中务必要帮助学生克服这些潜在的心理障碍,为学生创造更多的实践机会,才能逐渐帮助学生培养出体育欣赏能力。

在学校的体育教学中,应该鼓励学生多运动,特别是给学生一定的自主权,自己选择运动项目,这样可以有效地减少学生的畏难心理,增加他们的运动积极性。在运动实践中,学生真切地感受到运动带来的愉悦感,了解到运动技术、战术、运动规则、比赛要求等相关的内容,从而逐渐拓宽对体育运动的了解和认识,提高欣赏能力。

3. 欣赏体育竞赛中丰富的内涵

随着体育的发展,体育竞赛观赏也成为一个向青少年实施审美教育的特殊途径和有效手段。因此,现代社会体育教学的教学目标既包含增强学生体质及体育技能,也包含加强培养学生对体育的欣赏能力和审美情趣。对于经过了小学、中学的基础性体育知识和技能的培养之后,大学生已经具备了体育运动的基本素养,掌握了一定的运动技能,他们对现代体育和传统体育具有较为全面的认识。同时,他们对社会、文化、历史、经济也有了更为成熟的认识,具备了较强的理解能力、观察能力和判断能力。因而进入大学阶段,体育教育应注重对学生体育欣赏水平的提高,增加体育文化的教育比重。

体育运动中存在大量的美,同时其中也蕴含着丰富的文化和知识,要引导学生在观赏体育竞赛的过程中善于发现美、欣赏美,还要让学生能把握其内在的联系与区别,掌握正确的体育竞赛观赏方法和原则,加深对各竞技项目特点的理解,能够发现体育运动中美的一般规律,从而逐渐提高审美情趣。

(二)结合热点和趋势教学

大学生精力充沛、思维活跃,喜欢评议实事,尤其对新鲜事物充满热情。体育教学应积极回应学生的这种特点,在教学中教师要有意识地将社会上流行的体育活动适当地引入课堂,与教学内容进行有机的结合,从而利用学生的热情进行教学,并且还可以让教学与学生的实际生活产生较强的相关性,一方面有助于提高教学效果,另一方面还能激发学生的学习积极性,促使学生投入更多的时间和精力进行钻研和练习。大学生是新兴事物的引领者和拥护者,如果教学中忽视了学生的这一特点,只注重知识结构的合理安排,却疏于对实效性的把握,可能会影响教学效果。因此,体育教学应善于利用社会趋势和当下热点。比如,每当有重要的国际赛事或者大型的体育活动时,都会在社会上掀起一股体育热潮,我们的体育教学应该巧妙地把握住这一时机,将当前热议的体育项目结合教学内容,往往可以达到事半功倍的效果。这是因为,借助社会热点可以抓住学生的注意力,通过课堂讲解可以成功地将学生的这股热情转化为学习的动力,使教与学都收到极好的效果。

(三)大量参与运动是关键

体育运动不仅仅是学校里的一项教学活动,也不仅仅是应试教育的一个必要手段,还是人们生活中的一个组成部分,是一种健康的生活方式。因此,在教学过程中教师应当有意识地引导学生把体育运动日常化和生活化。我们的体育教学应该以培养学生的体育兴趣和体育习惯为切入点,让学生自发地想要参与体育运动,能享受到运动带来的好处,自然会促进其主动地、更多地进行体育运动。比如在教学实践中,学校尽量多开展一些能激起广大学生兴趣的体育活动,丰富学生的业余生活,增加学生参与体育运动的机会。多参与、多实践是培养兴趣的基本前提,只有经过大量的体育运动,学生才能体会到体育运动带给身心的多种好处,才能发现体育更多的魅力,才会有持续进行体育运动的动力。因此,学校的体育教学,不仅仅是教授学生相应的体育知识和技能,同时还应该多创造让学生参与体育运动的机会,举办多种类型的体育活动,让学生有机会充分地接触和体验运动的乐趣,从而有效地提高广大学生的运动兴趣和积极性。

(四)强调终身体育的目标

学校体育教学的最重要的目的之一就是提高全民身体素质、为实现终身体育而服务。因此在教学中要不断地加强终身体育的教育,以培养学生的长期体育习惯为中心,让学生认识到体育文化的丰富性、崇高性和融通性。只有在目标明确的前提下,才能让学习活动更有效。体育不仅可以健体强身、提高身体的各项机能,还可以增长见闻,借由体育运动这一媒介学生可以学到丰富的历史、经济、生理、心理等相关学科的知识，获得这些知识又可以反过来增强学生对体育的兴趣和投入，形成正向循环。总之，体育可以是陪伴人一生的生活方式，在人生的任何阶段都可以选择相适应的体育运动，享受相关的体育乐趣。应该用长远的眼光看待体育教育，学生进行体育运动的时间越久，获得的收益就越大，于是越有动力参加运动，其从中体会到的乐趣也就越多。生命不息，运动不止，在教学中应该时刻强调这一理论。

第二节 学校体育教学体系建设与革新

一、学校体育教学目标体系的建设

（一）以社会需求为建设前提

教育的根本目标是文化传承以及为社会提供人才，因此，教学目标的构建不能脱离社会发展的大背景。在学校的体育教学中，在构建教学目标的时候首先是要考虑的是当前社会的发展进程，要了解国家的发展战略以及对体育事业的整体规划和布局，这是建设体育教学目标体系的根本前提。

在此基础上进行体育教学体系的建设才是科学、有效的，才更加具有现实意义。在这样的基础上培养出来的人才才是符合国家发展需要的。整个国家和社会的发展只有呈现高效、有序的状态，我国的体育教育才能更好地整合现实体育需要与长远体育需要，整合个体体育需要同国家与社会的体育需要，才能将学生培养成为新时代的人才，才能更好地服务于社会。

（二）尊重学生的个体差异

新时期的教育理念强调尊重学生的个性，要求以学生为教学主体，它具体是指，课程教学要以学生的个体发展需要为中心，尽可能地满足学生的个性发展。同时，要充分考虑到学生的个体差异，它要求课程必须尽可能地让每个学生都能得到最大程度的发展。其实，在学生群体中共性与个性并存，如何才能平衡好共性与个性的不同需要，达到最佳的教学效果,是教育系统需要努力实现的目标。在过往的教育中,我们更强调共性而忽视了个性,随着时代的发展和文明的进步,教育也在不断地进行着迭代与改革。我们的社会越来越需要个性化的人才,因此现代的教育理念提倡以学生的个性发展为核心,这也是体育教学的重要原则之一。在学校体育课程教学中,只有对学生的个体差异给予充分的关注,才能切实做到因材施教、因势利导,这样才能使每一个学生都能够从中受益,得到最大程度的发展,为社会培养优秀人才做出真实的贡献,这也是课程教学目标的终极追求。

(三)追求快乐的学习体验

与其他科目不同的是,在体育教学中,应该追求快乐的教学体验和学习体验。除了专业运动员之外,其余的学校体育教学都是以提高身体素质、培养终身体育为主要的教学目标。因此,体育教学活动应该是生动活泼的,是充满激情与挑战的。体育课应该是学生们充分施展个性、表达自我的最佳场合。尽管提高身体素质、掌握运动技能需要付出大量的努力,但这一过程仍然是充满乐趣的,整体上会感受到积极反馈的体验,因此我们的体育教育应该强调快乐的学习体验。在轻松愉快的氛围下,才有助于学生感受到体育的魅力,体会体育的乐趣,获得快乐的学习体验,这也是现代教育背景下新课程理念强调的重点。当学生获得的良好体验越来越多,他们参加体育运动的积极性就越高,获得的体育知识和技能也就越多,从而形成一个良性循环,让体育运动成为学生学习生活中的一部分,让终身体育成为可能。

(四)强调体育能力的培养

现代的体育教学更注重对学生体育能力的培养,而不是机械地追求达到考试标准即可。获得"能力"需要大量的实践活动和用心地总结经验教训,而这些都只有在学生主动完成的条件下才能实现,如果学生只是被动地应付,则较难实现能力的提高。因此,在制定教学目标的时候,要充分考虑的是如何提高学生的主动性和积极性,当学生能够享受运动的快乐的时候,就会自觉地进行体育运动,从而逐渐地提高运动能力。现代教育思想和素质教育要求培养学生的学习意识、学习能力,培养学生的自主意识和独立思考的能力,在体育教学中也不例外,当学生在某个强烈兴趣的驱动下,会自发地搜集相关知识,获取相关的信息,不断地练习相关的技能,最终实现某项体育能力的增长。而"被动式"学习也许可以保证学习成绩的提高,若要切实地提高体育能力还是需要学生主动学习与练习。这就要求教师要有意识地引导学生的学习积极性,鼓励学生培养运动兴趣,激发学生燃起获得较高水平的运动能力的企图心,从而实现培养学生获得一定水平的体育能力的目标。

二、学校体育教学方法体系的建设

(一)"教"与"学"相统一

学校的体育教学方法是教与学的统一,只有师生之间实现有效的互动,才能够发挥体育教学方法的价值与作用。因此,在建设学校体育教学方法体系的时候,要同时考虑到"教"的体系与"学"的体系,教师在规划教学任务、教学内容和教学进度、选择教学素材的时候,同时要考虑到学生的学习接受能力、学习兴趣点等,力求真正做到教与学相结合,体育教学活动应该真正兼顾"教师的教"和"学生的学"两个层次的内容,实现教学效果的最优化。体育教学方法和手段都是针对学生来选择与运用的,教师和学生之间具有密切的关系,在师生的双边互动中,体育教学的任务和目的逐步实现。因此,教和学这两方面的内容贯穿于体育教学方法实施的始终。

(二)从系统论角度看教学方法

在体育教学中,教师是教学活动的发动者和引导者,学生是教学活动的行为主体。简单来说,教学活动是以学生的"学"为主,以教师的"教"为辅,"学"大于"教",并且以寻找到师生互动的最佳节拍为宜。体育教学方法是师生之间在教学实践中摸索出来的最佳的互动体系,它也是随着教学实践的增加而不断发展变化的。体育教学方法重要特点之一,就是要具有系统性思维,即教师、学生、教学内容是系统的组成要素,而师生间的互动是系统连接的方式,教学目标是系统的功能。如果要提高系统的功能,需要同时考虑要素和连接方式,也就是说要从整体着眼,而非仅仅强调教师或者学生某个单一的要素。

(三)教学目标决定教学方法

学校的体育教学方法与教学目标密不可分,具有以教学目标为中心的特点。即不同的教学目标有不同的教学方法,如果脱离目标而制定教学方法无疑是没有实际意义的,因此,在建设学校的体育教学方法时,需要以教学目标为依据。体育教学方法应与体育教学目的之间保持密切的联系,教学方法的实施应能够促进体育教学目标和任务的实现。因此,体育教学方法作为体育教学的重要组成部分,其服务于体育教学的目标和任务。体育教学方法和体育教学目标之间具有一定的不可分割性,如果将两者割裂开来,体育教学方法没有明确的方向,会表现出一定的盲目性,那么教学目标从而也成为空谈。因此,在制定教学目标的时候,就基本上决定了教学方法的性质和特点,同时也预见了教学方法的可行性。在制定教学方法的时候,只要在此基础上做进一步的细化和完善即可。

（四）教学方法要具有多样性

现代体育教学不仅注重学生动作和技术的掌握,以及各方面身体素质的增强,它更加注重学生的全面发展。因此,在建设体育教学方法体系的时候,要充分考虑到方法的多样性和丰富性。多种形式的教学方法不仅丰富了教学体验,也提高了教学效果,强化了教学内容和风格。总之,一切努力都是以提高学生的学习体验和学习效果为目标。教学方法的多样性不仅可以满足学生的学习需要,还可以增加教学过程的趣味性,提高学生的学习积极性。现代体育教学,通过采用各种先进的多媒体技术,使教学方法体系更为丰富,对教学目标的实现起到了积极的促进作用。

三、学校体育教学内容体系的建设

（一）转换传统的教学思想

建设学校体育教学内容体系最重要的是转变传统的教育思想,形成以落实健康第一为首要目标,以培养学生的体育能力为核心追求的新时代的体育教育思想观念,促使学生早日养成良好的体育运动习惯,形成终身体育的意识。学校的体育教学内容体系建设,需要在此基础之上经过一系列的优化与改革,将我国的体育教学内容与时代发展紧密结合,以社会对人才的需求为依据,培养出符合时代需要的全面发展的人才。

（二）建设多元的内容体系

建设学校体育教学内容体系需要从健身、文化、民族、传统等几个方面着手,在培养学生掌握基础的体育知识与技能之外,更重要的是让学生从多个方面培养自己的体育素养,学习体育文化、体育历史,了解体育对社会经济和政治的影响,体育对民族性和继承性的作用等,具体体现在以下几个方面。

1.健身性与文化性相结合

学校的体育教学,以提高学生的身体素质、发展学生的体育技能为基本任务。同时,在教学中要加入体育文化的内容,让体育教学不仅仅聚焦于学生身体层面的锻炼,还要对其认知层面和文化层面进行建构,让学生对体育的认识和掌握是立体的、全方位的。无论是中国的传统体育还是西方的竞技体育,都蕴含着丰富的、对学生成长具有重要意义的体育文化和价值观,这些也是体育教育的宝贵资源,应该合理地加以利用。

2.实践性与知识性相结合

体育是一种运动科学,需要通过实践进行学习和掌握,因此在构建体育教学内容时不要忽视将实践性与知识性相结合。围绕着体育实践需要大量的、十分复杂的多个学科的知识,比如运动学、营养学、医学、心理学等。通过对这些知识的教学,不仅可以提高学生对体育的认知和兴趣,还可以拓展学生的知识图谱、开阔眼界,为他们今后的学习和生活提供更广阔的视野。并且,学生可以在体育实践中不断地验证自己的所学所悟,从而产生深刻的理解,构建知识的闭环。

3.继承性与发展性相结合

学校的体育教学内容体系并非是一成不变的,其本质是在继承的基础上进行不断的发展,因此具有继承性和发展性。体育教育的使命是对人类优秀的体育文化的传承,并在此基础之上不断地发展、更新,与时俱进地进行迭代和演化。只有这样,我们的教育才能够培养出更加符合国家和社会要求的人才。

4. 统一性与灵活性相结合

在构建体育教学内容的时候,要注意将统一性和灵活性相结合。高校的体育教学需要符合高校的整体教学目标和任务的要求,符合社会对未来人才的普遍预期,尽管新的教学形式、目标和内容都有别于以往的体育教学模式,但是在整体上还需要具备一定的统一性。在具体的实践中,又可以结合不同的主客观情况进行调整,以便做到充分尊重学生的个性特征、学习方式、接受能力等,因此又具有相当的灵活性。

5. 与社会发展相结合

以往,高校往往被形容为象牙塔,仿佛是一个美好的世外桃源,但是这也说明高校的教学给人以脱离现实社会的感觉。高校的体育教学也不例外,尽管教学活动紧张有序,师生的工作和学习都非常刻苦,但是与现实社会的衔接总是不能尽如人意。它主要体现为学生在学校所学的知识和技能并不能直接地运用在现实生活中,常常被诟病为"纸上的学问"。因此,学校在构建教学内容体系的时候,需要加强与社会实际相结合,教学内容不能远离学生的实际生活和真实的社会环境,不能脱离社会的实际需求。我们的体育教学内容,不仅要做到发展学生的体育运动能力,还要与社会发展相结合,要紧扣时代发展的脉搏。

四、学校体育教学设计体系的建设

体育教学设计就是将体育专业理论及其相关理论作为基础,通过采用系统方法来对体育教学的问题加以分析,对体育教学目标进行确定,并对体育教学问题的解决策略进行设计、试行方案、结果评价并对方案加以修改的系统化计划过程。简单来说,体育教学设计就是根据现有的体育教学规律解决体育教学中所存在的问题。

为了更好地促进学校体育教学质量的发展和提高,加强体育教学设计体系的建设也是非常重要的一方面,可以着重从以下两方面进行。

(一)改进体育教学组织形式与方法

在具体的体育教学中,需要从教学方法与教学组织上来进行努力。

1. 教学方法方面

（1）要采取个性化和多样化的教学方法,加强师生之间、学生之间的互动。

（2）提高学生学习体育的积极性,促进学生创造性的发挥和提高,在课堂教学中留出一部分时间让学生进行独立思考和创造,改变传统的注入式教学模式,采取启发式的创造性教学模式,进一步提高体育教学的实效性。

（3）进一步改革传统体育教学中教师灌输知识、学生被动学习的教法,教师要营造活跃的课堂气氛,尽最大可能地激发学生学习的兴趣,使学生在学习过程中体验运动的乐趣。

（4）体育教学改革过程中,要将教法与学法结合起来进行,加强这两方面的研究。

2. 教学组织方面

（1）在高校体育教学组织上,以"活泼、自由、愉快"为主调,选择体育教材、教学手段及运用教学语言都要对趣味性的因素予以考虑。

（2）强调信息的多向交流,优化体育教学环境,对学生的合理要求和兴趣予以重视。

（3）鼓励学生进行自我评价和学生之间进行相互评价,帮助学生养成良好的体育意识和体育锻炼习惯。

（二）加强新型教学媒体在体育教学设计中的应用

1. 促进新型教学软件水平的提高

硬件设施作用的发挥离不开软件设施。目前,我国有很多学校的现代教育软件资源较为短缺,教学软件质量相对较低,这对体育教学的现代化发展是非常不利的。为此,学校可以构建一个完善的体育多媒体资源库,为体育教师和学生查阅资料提供有效的途径与平台。另外,学校还可以建立一个校际间的教育资源交流平台,实现教育资源共享的目的。

2.提高体育教师对新型教学媒体的运用能力

（1）体育教师应更新观念，充分认识到在信息化的社会中只有不断学习才能跟上时代发展的步伐，才能适应社会和学校发展的需要。

（2）鼓励体育教师全面学习新型教学媒体的理论知识，促进其应用新型教学媒体的综合能力的不断提高。

（3）加强体育教师的培训，采取灵活多样的培训方式，进行分组式、分层次的培训，以促进培训整体效益的提高。

五、学校体育教学评价体系的建设

（一）构建多维的评价体系

1.实现体育教学评价主体的多维性

通过多年来的体育教学改革，体育教学评价的主体在一定程度上发生了改变，从以往的教师与学生，发展成为现在的多元化结构，主要包括了教师、学生、家长、校方和社会团体等。在传统的体育教学评价体系中，评价主体过于单一化，这就造成了体育教学评价的局限性和不全面性。例如对于学生的体育学习评价，教师对学生在校内的体育活动有着较为权威的认识，而家长则对学生在校外的体育表现有一个准确的认识，但是家长的评价却在传统体育教学评价中不受重视，这就是传统体育教学评价的局限性所在。因此，改革传统体育教学评价的过程中，要注重保持评价主体的多维性，这是非常重要的。

2.实现体育教学评价客体的多维性

体育教学评价的主要目的就在于通过全面的评价，发现教学过程中所存在的问题，并提出解决问题的意见和对策，最终实现促进体育教学质量提高的目的。由于个体存在着一定的差异性，就使得被评价的对象之间存在一定差异，这种情况就很难通过统一的评价标准来衡量。因此，在进行体育教学评价时，一定要注意评价客体的多维性。在进行体育教学评价之前，应对评价对象的具体情况进行细致的分析，并以此为依据进行分组评定，确保体育教学评价的公平性。

3. 实现体育教学评价方式的多维性

传统的体育教学评价往往是单一的模式,基本上是以上级对下级的主观评价为主。其主要的评价方式就是结果式和量化式的评价,通过这类评价方式,很难对评价对象作出真实、科学的评价。因此,实现现代体育教学评价的全面性、科学性和真实性的关键,就在于建立起人性化、多元化的评价模式。例如采用"教师评价 + 学生自身评价 + 家长评价"的模式,并将肯定性的语言描述与过去的打分制相结合,重点关注形成性评价方式,实现与被评价者的交流和人性化、多元化的发展。

(二)建立健全的评价反馈机制和保障机制

大量的事实表明,健全的评价反馈机制是评价体育教学活动有效开展的关键性条件。根据信息论的观点,信息是一个系统实现有效控制的基础,而反馈则是评价主体获取信息的途径,所以评价反馈机制是否健全直接影响到评价系统是否能够得到有效控制。建立多条反馈渠道是保证评价主体能够及时收集到有效评价信息的关键,例如学生评价反馈渠道、家长评价反馈渠道等;丰富评价反馈的内容,例如在反馈的同时附上评价对象在整个学习过程中的情意表现以及需要改进的地方,同时提出希望等;改变以往在学期结束之后的反馈,实行学习中的反馈;除此之外,为了保证评价反馈机制的有效运行,建议建立评价反馈机制的监督机构对学校体育教学评价反馈情况进行监督。规章、条例制度对评价主客体在评价活动中的行为起到约束和控制的作用,为学校体育教学评价活动起到保驾护航的作用。学校体育教学评价中出现的一些问题,一个主要原因就是缺少规章制度或者对规章制度的漠视,例如在进行教师自评和互评时受利益、人情等因素的困扰易导致评价的形式主义和评价结果的失真等。评价的规章制度是为约束全校师生及相关工作人员在评价中的行为,所以学校相关部门应总结评价经验,深入调查听取广大师生的建议,建立切实可行的评价条例规章制度。

六、学校体育教学体系的革新

（一）学校体育教学体系革新的理论支持

1.有效教学理论

有效教学是师生在教学活动中遵循教学活动规律,采用各种有效的方式和手段,以尽可能少的教学投入取得最优的教学效益和效率,促进学生在知识与技能、过程与方法、情感态度与价值观"三维目标"上获得整合、协调与可持续发展,从而实现预期的教学目标。一般来说,有效教学具有以下几层含义。

（1）以学生的有效学习为评价标准,以学生的进步和发展为核心。学生的学习效果直接反映了教学的有效程度,学生的有效学习程度和结果、进步和发展幅度以及是否有学习的持续动机、兴趣等,都反映了体育教学的有效程度。

（2）学生进步与发展以实现"三维目标"为主。判断学生通过学习是否取得了进步,获得了发展,不能只看其是否掌握了课堂知识和技能,这只是基本维度的目标,还要看"过程与方法""情感态度与价值观"这两个维度目标的达成情况。只有同时实现了"三维目标",才可以判断学生获得了全面进步和有效发展。如果只是实现了某一维度的目标,没有实现所有维度的目标,说明教学的有效性低,是低效教学,如果各个维度的教学目标都没有实现,那么就是无效教学。

（3）通过有效教学促进学生进步与发展。判断教学是否有效要看教学目标是否实现及实现程度的大小。此外,还要看通过有效教学是如何促进学生进步与发展的。总体而言,有效教学具有以下几个基本特征。

①有效率。学生在学习投入较少的情况下学习收益依然可观,这在一定程度上说明教学效率高。学生学习投入的多少不仅是指学习时间的多少,还包括付出的努力及身心承受负担的大小。学生的学习收益不仅是指某次体育测试的成绩,还包括掌握终身受益的知识、技能以及非智力因素的发展。这样才是有效率的教学。

②有魅力。整个体育教学过程丰富有趣,能够给学生带来良好的情感体验,激发学生自主自觉学习的持续动机、兴趣和积极性。

③有效果。学生在体育教师的教学指导下学习进步、全面发展,说明教学是有效果的,学生在体育教学过程中的收获是评价有效教学的重要标准。

④有效益。有效教学追求的基本教学效果是学生进步和发展,除此之外,还要使教学结果符合教学目标,满足个人和社会的教育需求,这才是有效益的教学。[①]

2. 教学过程最优化理论

(1)教学过程最优化的内涵

教学过程最优化就是基于对教学规律、教学原则、教学方法及整个教学系统和内外教学条件与环境等多要素的综合考虑,从高效完成教学任务着眼,有效控制教学过程,根据科学教学理论,结合现有教学条件而对最佳教学方案进行探索、设计、选择及实施,以保证在已有条件下最大化地发挥各个教学要素的作用,从而取得最好的教学效果。

在教学过程最优化理论中,教学任务往往包含教养、教育、发展等多个层面的要求,为了高质量完成教学任务,体育教师应从自身教学能力出发选择与设计最佳的教学组织形式和教学方式,在规定时间内和有限的精力范围内优化整合各个教学要素,保证每一名学生获得进步与发展,发挥所有学生的学习潜力,取得最优的教学效果。总之,教学过程最优化所带来的效果就是所有学生获得目前条件下最好的教育和实现最大程度的进步与发展。

(2)教学过程最优化的标准

巴班斯基是教学过程最优化理论的创始人,他曾指出:“在现代学校中,教育过程最优化被理解为选择这样一种方法,它能使教师和学生在花费最少的必要时间和精力的情况下获得最好的效果。”[②]要实现教学过程的最优化,就要从教学规则出发,以对教学规则、教学形式、教学条件及教学对象实际情况等多因素的全面考虑为基础,使教育过程的效能得到最有效的发挥,这是教学最优化的重要条件。

教学过程最优化理论中,“最优化”的标准主要包括以下两个方面。一方面是时间标准。这是最优化控制的重要标准之一,指的是花最短的

① 侯耀先,栾宏.有效教学论[M].西安:西安出版社,2011.
② 胡永红.有效体育教学的理论与实证研究[M].北京:北京体育大学出版社,2010.

时间（省时）、以最小的代价（低耗）实施教学控制,取得最大的效益（高效益）。另一方面是效果标准。在规定时间内通过合理控制教学过程而使学生获得最大程度的进步与发展。

3. 信息化教学理论

（1）信息化教学的概念

在信息化时代,各个行业都很重视信息技术及运用,教育领域同样如此。信息化教学是指在现代教学理念的指导下,教师充分利用现代信息技术,整合与运用丰富的教学媒体和信息资源,构建良好的教学环境,引导学生积极发挥主观能动性,使学生自觉成为知识和信息的建构者,从而不断提高教学质量的过程。当然,信息化技术也完全可以充分应用于体育教学之中。

（2）信息化教学的要素

传统教学系统的主要构成因素包括教师、学生及教学内容。信息化教学系统的构成因素在传统教学系统的基础上增加了媒体因素,即包含教师、学生、教学内容及媒体四个要素。信息化教学的四大要素相互促进、相互作用,缺一不可。

（3）信息化教学理念

信息化教学倡导"以人为本"的基本教学理念,坚持以学生为本。具体要做到以下几点。

①确立学生的主体地位。

②强调学生的主观能动性。

③从强调积累知识和训练技能转变为强调学生主动建构知识与信息。

④强调探究学习、自主学习与合作学习。

⑤强调师生之间的有效互动。

⑥强调活动的重要性。

（二）学校体育教学体系革新的对策

1. 以就业为导向的教学革新

我国体育教学体系的革新首先体现在就业方面。有效的教学活动,离不开科学教学目标的指导。因此,在体育教学中为实现以就业为导向的革新,首先要对教学目标进行优化与调整,使学校的教学目标直接指向当前的社会需要,与时代对人才的要求相契合,减少学校教学与社会需求之间的差距,让学生能够学以致用,提高教育的效率。同时,也要保障教学目标的合理性、实效性、针对性和可操作性,努力确保学校的教学与就业达到无缝衔接的水平。这就需要学校在建立教学目标体系和教学内容体系的时候,充分开展市场调研,明确当前的就业现状,分析未来的就业趋势,并以此为据结合体育教学的特点,对体育教学的理念、目标、内容、方式等进行革新。我国高校的教学往往重理论而轻实践,而体育学科的特点则强调实践的重要性,因此,在体育教学体系的革新过程中,要特别注重对学生实践能力的培养。

2. 以素质教育为导向的教学革新

体育教学体系的另一个革新方向是加强素质教育。素质教育强调培养学生具备较强的综合能力,比如具备自觉获取新知识和新技能的意识和能力,具备发现问题和分析问题的能力,具备较好的人际交往能力和团结协作能力,具备终身学习的能力和持续自我发展的能力等。学校的体育教学体系应该突出其在素质教育中所起的特殊作用,并为进一步培养有理想、有道德、有文化、有纪律的"四有"人才做出贡献。

第三节　大学生终身体育能力培养

一、培养学生形成终身体育的态度

(一)培养体育认知

大学生作为具备较高智商和较强学习能力的年轻人,他们正处于人生最宝贵的阶段,也是养成终身体育习惯的最佳阶段。经过小学、中学阶段的体育培养,他们具备了良好的体育知识和运动技能,也许有些学生已经培养出了自己的运动兴趣和运动特长。但不管怎样,在大学阶段学生的知识体系逐渐丰富和完善,他们的认知水平已经相当成熟,如果能从认知上对体育运动有更为深刻的了解和认识,那么对形成终身体育习惯将是具有决定意义的一步。从另一个角度看,大学期间也是学生养成终身体育习惯的关键阶段。因为当大学生活结束后,大部分学生将走入社会参加工作,而社会生活与学校生活的最大不同就是要面临来自工作和生活的各种压力,如果没有坚实的运动习惯,很多人恐怕都很难再进行规律的运动,自然对身体健康带来消极影响。因此,大学体育教学,应该从认识上帮助学生了解体育运动的重要性,尽早养成终身体育的习惯。

(二)培养体育情感

体育运动的魅力之一,就是能带给人非比寻常的情感冲击与体验。一场精彩的世界杯决赛,能牵动着全球几亿球迷一起为之疯狂,为胜利呐喊,为失败沮丧,这就是体育所独有的魅力。在高校的体育教学中,应强调学生对体育情感的培养,培养学生对体育运动的欣赏能力、对体育的认知能力,培养学生的体育兴趣和体育情感等都是形成终身体育的关键要素。人的情感具有强大的鼓舞作用,它将直接导致人的行为选择。比如,对足球有情怀的学生,不管是否具备较好的体能或者足球技术,只要有时间就会和队友组织一场足球活动,尽情享受足球带来的快乐,而输赢其实没有那么重要,重要的是体验足球带给人的身心愉悦。这就是体育情感对运动的促进作用的明显表现。

(三)培养体育意向

在校园生活中的学生往往具有较强的运动意向,或许是受到体育场馆、体育设施等的"诱惑",或许是在同学们的集体簇拥下而经常组织体育运动。这是因为客观环境具有强大的影响作用,会促使人有意愿、有动力去进行体育运动。因此学校应积极建设运动基础设施,为学生营造利于开展运动的客观环境和条件,从而培养学生的运动意向和习惯。同时,也要从校园体育文化的角度入手,让学生认识到规律的体育运动的重要性,并逐渐养成坚持运动的生活理念和生活方式。学校还应努力开展各种体育文化生活,举办形式多样的比赛项目,鼓励学生积极参与,逐渐培养他们的运动意向、运动习惯。

二、培养学生养成终身体育的习惯

（一）了解自身的身体特性

学校的体育教学应该帮助学生加深对自身身体特性的了解。对自身身体特性的了解可以有助于提高学生的运动积极性。试想一下，如果学生对健康没有具体的概念，对运动效果也没有可量化的察觉，那么体育运动也许仅能停留在娱乐休闲的层面上。对此，学校在体育教学中应增加相应的教学内容，帮助学生更直观、更具体地了解自己的身体特性。比如定期测量学生的各项身体指标，如体脂、体能、肺活量、最大摄氧量、代谢当量、靶心率等。通过对机体各项指标的了解，学生可以直观地认识到运动对身体带来的改变，这将有助于促进学生养成终身体育的意识以及持续开展运动的生活方式。

（二）认识自己的心理能力

学生的心理能力也是影响其运动动机、运动热情以及最终运动效果的重要因素。有些学生参与体育运动的积极性不高并非是因为其运动能力欠佳，或者身体素质差等原因，而是由于其心理能力较薄弱，比如畏难心理、害怕失败等。因此，要培养学生的终身体育观念和习惯，不仅仅要培养学生的运动兴趣，提高他们欣赏体育的能力，使之掌握一定的运动技能，还要帮助学生认识自己的心理能力，了解自己面对新鲜事物时的心态是好奇还是迟疑，面对挑战时是迎难而上还是畏惧不前，从而找到自己的心理特征，选择与之相适宜的方式培养自己的运动习惯。

（三）选择适宜的运动项目

运动习惯的养成往往需要从自己最擅长或者最感兴趣的运动项目开始做起。在了解了自己的身体特性、认识到自己的心理能力之后，可以科学合理地选择一项最适合自身发展的运动项目。只有找到既符合自身心理能力特征，又适合自身身体条件的运动项目，才有可能长期地坚持下去。

三、培养学生具备终身体育的能力

（一）建设高校体育自主选课制

现阶段，我国部分高校结合本校的实际情况实施了体育课程的自主选课制度，这在很大程度上促进了学生的个性发展，充分赋予学生自主学习的权利，最大限度地尊重学生的个性，让他们可以自主选择自己感兴趣的体育科目。当然，自主选课制对体育教师也提出了更高的要求。以往体育教师的教学主要是依据教案进行，对教学范围有一定的限制和考核标准。而选课制则以学生为主体，最大化地尊重学生意愿，因此教学内容更为广泛。由于学生的学习热情强烈，但是体育基础又参差不齐，因此教师在教学中要同时满足各种不同水平和不同基础的学生的学习需要，让他们都能得到很好的发展，这就需要体育教师具有深厚的学科素养和丰富的教学经验才能够自如应对。

然而自主选课制对学生体育能力的提升是显而易见的。体育选课制切实提高了体育教学效率，让学生真正感受到体育课的乐趣、作用，大大地提高了学生对体育运动的积极性和主动性，从而为培养学生的体育意识、体育能力、终身体育习惯打下良好的基础。

（二）尊重学生自主发展运动能力

在自主选课的基础上，学校的体育教学弱化了考核标准，充分尊重学生自主发展体育能力的意愿，体育教学建立在以发展学生的学习需求为本，切切实实让每一位学生在自己有兴趣、有特长的方面进行发展，获得能力提升，并进一步强化了对该项目的兴趣和喜爱，从而为终身体育奠定基础。与此同时，当学生带着强烈的兴趣和自主意识去学习和练习的时候，学习效率明显增加，进步明显，这会增强学生的自信心和自我效能感，为进一步的学习和提高带来助益。在这样的教学制度和教学指导下，学生逐渐熟练地掌握了一两项运动技能，以及科学锻炼的基本知识与方法。总之，培养学生的自主学习意识和自主学习能力既符合现代教学理论思想的要求，也符合学生发展个性的需要。

（三）综合体育能力的结构构成

在培养学生终身体育能力的过程中，将终身体育能力又进一步细分为体育理论知识、健身能力、终身体育能力、体育欣赏能力等四个方面，以下是对这几方面能力的详细解释。

1. 体育理论知识

体育理论知识是决定体育能力的根本。学生要掌握的体育理论知识包括体育历史、运动科学、体育文化等。体育历史又包括世界体育历史的发展情况、传统体育的发展情况、重要的体育赛事如奥运会、世界杯的发展历史等；体育文化包括体育与传统文化、体育与经济发展、体育与大众健身等。

2. 健身能力

（1）利用虚拟技术将学生的机能系统解剖结构与生理形态结构进行数据化处理，便于学生直观地了解和分析自身体育运动的发展潜能，结合人体各项体格指标的测定，充分掌握自身内外结构的特征，需要重点发展哪些运动素质等，这些都是培养健身能力的重要前提。

（2）从生化的角度将机体血乳酸、血糖、血尿的检测与评定数据划分等级，以帮助学生掌握在不同运动强度下自身的各项生化指标以及变化状态，从而逐渐建立自己的体育运动数据库，将运动与身体状态的变化定期进行数据分析，帮助学生学会科学地监测机体重要指标与健身的变化关系，从而为终身体育提供有力的数据支持。

3. 终身体育能力

终身体育能力主要指掌握一定的运动能力，特别是要掌握几种适合人体不同年龄阶段的运动技能，比如青壮年时期适合开展一些对抗性较强的运动如篮球、足球等，而中老年阶段则适合开展游泳、慢跑、太极拳等运动。另外，还需要培养学生掌握一定的营养、运动恢复以及安全保障等知识，为科学开展终身体育运动打好基础。

4. 体育欣赏能力

只有具备较高的体育欣赏能力，才能让学生对体育运动保持持续的关注和参与。培养学生的体育欣赏能力可以从感性和理性两个方面入手，包括对体育美学欣赏能力和竞技体育欣赏能力的培养。

四、培养学生体育能力的保障机制

要切实地实现学生的体育能力首先要建立相应的保障机制。健全的保障机制可以起到指导、监督和支持的作用，让学生真正感受到体育运动的乐趣和作用，对体育运动有全方位的认识，为学生的学习和训练提供有力的支持和服务。

（一）保证科学选课质量

保障机制最重要的一步是建立完善的选课机制，并且保证课程的质量要达到相应的标准。选课机制要科学、合理、完善，对教师能力、课程质量以及教学场地与设施等方面都要有完善的考核与管理制度。要保证体育课程内容丰富多样，能够涵盖现有的主流体育教学内容，还具有符合学校自身体育传统的独特内容。教学要结合实际，加强学生的社会实践，要为学生创造更多的锻炼机会。将课堂教学与社会实践相结合，比如要求学生至少完成一项社会实践活动等。

（二）设立课程专项基金

设立体育课程的专项基金，用于持续地开发新的学习项目，用于保证教学内容的与时俱进，保证体育教学与体育前沿的发展紧密相关。课程专项基金还用于对教学设施、设备的定期维护与更新，适量添置新设备，为学生的体育学习提供充足的物质基础，满足学生和教师的教学、实验要求。课程专项基金还可用于奖励在教学活动中做出突出贡献的教师，以及成绩优异、为学校赢得特殊荣誉的学生。

（三）优化体育知识结构

优化学校的体育资源配置和体育教学内容结构，合理地整合学校资源，优化课程结构，同时改善制约学生发展体育能力的不利条件。对"教"与"学"进行统筹性管理，以学生的体育能力为核心建立一系列的教学与实践活动。拓展体育教学形式，比如增加集体比赛观摩、现场教学等方式，教师带领学生共同观看重要的比赛，可以去现场也可以观看比赛直播，一边观看比赛，教师一边适时地对精彩的内容、相关知识等进行讲解。还可以鼓励学生担当大型赛事的志愿者，通过亲身参与体育活动感受体育运动魅力,激发学生的学习欲,扩展其知识结构。

（四）建立线上管理系统

和常规的体育教学模式相比,采用选课制度是教学模式的一次进步尝试,同时也会在很多方面带来挑战。比如对教师时间的协调、对运动场地的安排,以及相应的预案措施等,都需要一个强大的管理体系才能保障每个环节的顺利进行,这一管理系统既要保障课程的丰富性,又要考虑到安排的合理性和可执行性,这是现代化的管理手段在校园内实施的具体体现。同时,也要给同学们的互动交流创造更便利的条件,引导学生克服消极情绪,积极参加各类体育活动,使身体素质和运动能力得到全面的发展。

五、开展自主互动学习模式

（一）鼓励学生自主互动学习模式

高校体育选修课的开展对于大学生的体育技能提升起到根本性的促进作用。在此基础之上,为了进一步提高学生的自主性,学校可以积极推进体育教学的自主互动学习模式。旧有的教学模式最大的弊端就是教师的"教"与学生的"学"脱钩,以传承知识和技能为核心,就必然会忽略学生是学习主体的事实,教育的最终目的是让学生学会知识和技能并且内化为可以自由运用的某种能力。著名瑞士建构主义心理学家皮亚杰主张:"一切真理要由学生自己获得,或由他重新发现,至少由他重建,而不是简单地传递给他。"因此,这需要建立在学生具有强烈的主动学习的意愿的基础上。为了尽可能地达到这样的目标,开展自主互动学习模式则是一项重要的进步。

高校的体育教学有别于其他教学形式,学生已经具备很强的自主学习能力,完全可以自主选择运动项目和运动目标,他们已经具有良好的体育知识基础和运动技能基础,教师只需要稍加指导,学生们自身就可以相互结伴和鼓励进行体育学习和锻炼。因此,高校的体育教学可以逐步向学生的自主互动的学习模式转变,教师更多的是作为指导、顾问和监督的角色,并积极探索引导学生自主互动的学习法,增加相互交流的机会、学生自主练习空间和时间,鼓励学生体育学习的自主性和积极性,从被动学习转变为主动学习,提升教学效果,使教学更有意义。

（二）促进学生自主互动学习实践

学生自主互动学习模式的落实需要一定的前提条件，比如首先要有明确的学习目标和内容、要求和标准，不能盲目地自我摸索。这需要教师把技术内容全面清晰地讲解清楚，学生在理解后可以做到准确地表达，然后就可以与同学结伴进行自主互动学习了。在学习过程中，同学之间的互动与交流非常重要，发挥着相互指导、彼此促进的作用。学生之间主动协同地进行自导、互导、自查、互查、自评、互评，充分发挥学生学习过程中的自主性，从而提高教学效果。另外，在以小组为单位的学习团队中，学生在学习新的运动技能的同时，还要学习团队协作、人际交往、沟通互动等多方面的能力，这对于培养学生的社会适应能力具有积极作用。

1. 课前准备

对于开展自主互动的学习模式而言，课前的准备工作非常重要。在学生开始自主学习之前，教师对所要学习的知识和技能要给出一个详细、全面的讲解。它包括运动特点、动作要领、难点、对场地和器械的要求、运动量、练习的顺利以及练习中的注意事项等，都要给出明确的指导。

2. 自主互动学习

当学生对所要学习的运动项目有了清晰的认识之后，就可以正式开始自主互动学习了。学生通过学习小组的形式进行学习，根据不同的运动项目，确定适当的小组人数，同一小组的同学彼此分工、互相配合、互相指导，从而形成自主学习模式。正如美国建构主义心理学家布鲁纳所提倡的，"学生应主动地学习，亲自探索，而不是被动地接受知识"。在这样的学习模式下，学生能获得深刻的学习体验，学习效果自然比被动接受知识以及在教师的引导下亦步亦趋地跟随要好很多。在这种学习模式下，教师对学生的练习时间、内容不做统一要求，学生喜欢的、感兴趣的练习可以多选、多练，学生不喜欢或已经熟悉的练习可以少选、少练或不练。

3. 自我评价与小组互评

评价对于任何学习过程都是必不可少的环节，及时进行客观的、全面的评价可以让学习过程更加可控,可以及时发现错误并纠正。因此,学生的自主互动学习需要进行自我评价和小组互评。通过自我评价,学生可以自查学习过程中的得失以及今后该如何改进,而小组互评则通过外部视角给自己补充宝贵的意见,通过互相评价、互相补充,达到小组同学共同进步的目的。

4. 教师指导

经过自我评价和小组互评之后,学生对自己的学习和练习情况有了一个客观的认识,但是还不能确定其准确性,这时需要教师进行指导。从教师的角度看,学生们经过自我实践以及互相评价,已经对该项训练有了非常直观和具体的认识,并且此时同学们不仅获得实践经验,而且还带着各自的问题亟待指导,这极大地提高了教师教学的针对性。教师对学生准确完成的部分给予及时的肯定,对问题进行纠正与讲解,教学效果得到明显提高。

5. 自主实践

自主互动学习的形式是以学生自由组合为主的教学形式。每个学生既是客体又是主体,教学活动中个体间相互理解、相互接受、相互讨论、相互帮助、相互配合,共同提高。通过教师讲解、自主学习、自我评价、小组互评和教师指导之后,学生带着原有的问题以及新的理解再次进行自主实践,逐渐体会和纠正不足之处,从而完成一个学习周期。经过几个这样的学习周期之后,学生已经能够很好地掌握这一运动,并且能够对知识重点进行讲解,还可以对这项运动进行专业的评价、欣赏。有助于学生全面地获得体育知识和技能,为终身体育做好准备,这是自主互动学习模式的重要意义。

第四章

校园课外体育文化建设

　　校园体育不仅包括体育课堂教学活动,还包括课外体育活动。课外体育活动对增强学生体质、增进学生健康、促进学生身心和谐发展、提高学生社会适应能力、丰富学生课余生活等有着重要的意义。因此课外体育文化成为校园体育文化的重要组成部分,在校园体育文化建设中要重视对课外体育文化的建设。本章重点探讨高校校园课外体育文化建设,主要从大学生体质健康测试、校园体育文化节建设以及高校课外体育活动安全管理三个方面展开。

第一节　大学生体质健康测试

一、大学生体质健康测试内容

　　《国家学生体质健康标准(2014 年修订)》中关于大学生体质健康测试的项目见表 4-1。

表 4-1　大学生体质健康测试项目

测试对象	单项指标	权重(%)
大学各年级	体重指数(BMI)	15
	肺活量	15
	50 米跑	20
	坐位体前屈	10

测试对象	单项指标	权重（%）
大学各年级	立定跳远	10
	引体向上（男）/1分钟仰卧起坐（女）	10
	1 000米跑（男）/800米跑（女）	20

二、大学生体质健康测试的实际操作

（一）身高

1.测试目的

身高测试与体重测试相配合，评定学生的身体匀称度及营养水平。

2.场地器材

身高测量计。

3.测试方法

受试者赤足站在身高计的底板上，躯干挺直，头部正直。测试人员在受试者右侧，将水平压板轻轻沿立柱下滑，轻压于受试者头顶，双眼应与压板水平面等高进行读数。记录读数，以厘米为单位，精确到小数点后一位，测试误差不超过0.5厘米。

（二）体重

1.测试目的

测试学生的体重，与身高测试相配合，评定学生的身体匀称度、生长发育水平。

2.场地器材

杠杆秤或电子体重计。

3.测试方法

受试者赤足站在秤台中央。测试人员放适当砝码并移动游标至刻度尺平衡。以千克为单位读数,精确到小数点后一位。记录读数,测试误差不超过 0.1 千克。

（三）肺活量

1. 测试目的

测试学生的肺通气功能。

2. 场地器材

电子肺活量检测仪、一次性吹嘴。

3. 测试方法

受试者面对肺活量检测仪站立,手持吹气吹嘴试吹 1 ~ 2 次,检查仪表有无反应、口鼻处是否漏气。做一两次比平日较深的呼吸后,深深吸一口气,向吹嘴处慢慢呼出直至不能再呼。吹气完毕后液晶屏上最终显示的数字为肺活量毫升值。测三次,每次间隔 15 秒,选最大值作为测试结果。不保留小数。

（四）50 米跑

1. 测试目的

测试学生速度和灵敏素质。

2. 场地器材

50 米直线跑道、发令旗、口哨、秒表。

3. 测试方法

受试者至少两人一组测试。做好准备,发令员发出"跑"的口令,同时摆动发令旗,受试者听到口令后开始起跑。计时员视旗动开表计时,受试者躯干部到达终点线的垂直面时停表。成绩以秒为单位,精确到小数点后一位。小数点后第二位数非"0"时则进 1。

（五）800 米或 1 000 米跑

1. 测试目的

测试学生耐力水平。

2. 场地器材

地面平坦的田径场跑道、秒表。

3. 测试方法

测试方法同 50 米跑，但要以分、秒为单位记录成绩，不计小数。

（六）立定跳远

1. 测试目的

测试学生下肢肌肉爆发力水平。

2. 场地器材

沙坑、丈量尺。起跳线至沙坑近端不少于 30 厘米。

3. 测试方法

受试者两脚分立站在起跳线后，脚尖不踩线，两脚同时起跳，不得垫步、连跳。丈量起跳线后缘至最近着地点后缘的垂直距离。每人跳三次，记录最好成绩。

（七）坐位体前屈

1. 测试目的

测量学生身体的伸展性、柔韧性。

2. 场地器材

坐位体前屈测试计。

3. 测试方法

受测者坐在平地上,两腿伸直,两脚平蹬测试纵板,两脚分开约10～15厘米,上体前屈,两臂向前伸直,用两手中指尖向前推动游标直到不能前推。测两次,取最好成绩。

(八)引体向上

1. 测试目的

测试学生的上肢肌肉力量。

2. 场地器材

高单杠。

3. 测试方法

受试者跳起双手正握杠,直臂垂悬,两臂同时用力引体,上拉到下颏超过横杠上缘为完成一次,记录次数。

(九)仰卧起坐

1. 测试目的

测试学生的腹肌耐力。

2. 场地器材

垫子。

3. 测试方法

受试者仰卧于垫上,两腿稍分开,屈膝90°,两手交叉贴于脑后。另一同伴压住其踝关节。受试者起坐时两肘触及或超过双膝为完成一次,仰卧时两肩胛必须触垫。记录1分钟的完成次数。

三、大学生体质测试项目的评分标准

大学生上述测试项目的评分标准见表4-2至表4-8。

表4-2　大学生体重指数（BMI）评分表（单位：千克/米²）

等级	单项得分	男生	女生
正常	100	17.9 ~ 23.9	17.2 ~ 23.9
低体重	80	≤ 17.8	≤ 17.1
超重		24.0 ~ 27.9	24.0 ~ 27.9
肥胖	60	≥ 28.0	≥ 28.0

注：体重指数（BMI）＝体重（千克）/身高²（米²）

表4-3　大学生肺活量评分表（单位：毫升）

等级	单项得分	男生		女生	
		大一 大二	大三 大四	大一 大二	大三 大四
优秀	100	5 040	5 140	3 400	3 450
	95	4 920	5 020	3 350	3 400
	90	4 800	4 900	3 300	3 350
良好	85	4 550	4 650	3 150	3 200
	80	4 300	4 400	3 000	3 050
及格	78	4 180	4 280	2 900	2 950
	76	4 060	4 160	2 800	2 850
	74	3 940	4 040	2 700	2 750
	72	3 820	3 920	2 600	2 650
	70	3 700	3 800	2 500	2 550
	68	3 580	3 680	2 400	2 450
	66	3 460	3 560	2 300	2 350
	64	3 340	3 440	2 200	2 250
	62	3 220	3 320	2 100	2 150
	60	3 100	3 200	2 000	2 050

续表

等级	单项得分	男生		女生	
		大一大二	大三大四	大一大二	大三大四
不及格	50	2 940	3 030	1 960	2 010
	40	2 780	2 860	1 920	1 970
	30	2 620	2 690	1 880	1 930
	20	2 460	2 520	1 840	1 890
	10	2 300	2 350	1 800	1 850

表 4-4　大学生 50 米跑评分表(单位:秒)

等级	单项得分	男生		女生	
		大一大二	大三大四	大一大二	大三大四
优秀	100	6.7	6.6	7.5	7.4
	95	6.8	6.7	7.6	7.5
	90	6.9	6.8	7.7	7.6
良好	85	7.0	6.9	8.0	7.9
	80	7.1	7.0	8.3	8.2
及格	78	7.3	7.2	8.5	8.4
	76	7.5	7.4	8.7	8.6
	74	7.7	7.6	8.9	8.8
	72	7.9	7.8	9.1	9.0
	70	8.1	8.0	9.3	9.2
	68	8.3	8.2	9.5	9.4
	66	8.5	8.4	9.7	9.6
	64	8.7	8.6	9.9	9.8
	62	8.9	8.8	10.1	10.0
	60	9.1	9.0	10.3	10.2
不及格	50	9.3	9.2	10.5	10.4
	40	9.5	9.4	10.7	10.6
	30	9.7	9.6	10.9	10.8
	20	9.9	9.8	11.1	11.0
	10	10.1	10.0	11.3	11.2

表 4-5　大学生 1 000/800 米跑评分表 (单位 : 分·秒)

等级	单项得分	男生		女生	
		1 000 米		800 米	
		大一 大二	大三 大四	大一 大二	大三 大四
优秀	100	3′17″	3′15″	3′18″	3′16″
	95	3′22″	3′20″	3′24″	3′22″
	90	3′27″	3′25″	3′30″	3′28″
良好	85	3′34″	3′32″	3′37″	3′35″
	80	3′42″	3′40″	3′44″	3′42″
及格	78	3′47″	3′45″	3′49″	3′47″
	76	3′52″	3′50″	3′54″	3′52″
	74	3′57″	3′55″	3′59″	3′57″
	72	4′02″	4′00″	4′04″	4′02″
	70	4′07″	4′05″	4′09″	4′07″
	68	4′12″	4′10″	4′14″	4′12″
	66	4′17″	4′15″	4′19″	4′17″
	64	4′22″	4′20″	4′24″	4′22″
	62	4′27″	4′25″	4′29″	4′27″
	60	4′32″	4′30″	4′34″	4′32″
不及格	50	4′52″	4′50″	4′44″	4′42″
	40	5′12″	5′10″	4′54″	4′52″
	30	5′32″	5′30″	5′04″	5′02″
	20	5′52″	5′50″	5′14″	5′12″
	10	6′12″	6′10″	5′24″	5′22″

表 4-6　大学生立定跳远评分表（单位：厘米）

等级	单项得分	男生		女生	
		大一大二	大三大四	大一大二	大三大四
优秀	100	273	275	207	208
	95	268	270	201	202
	90	263	265	195	196
良好	85	256	258	188	189
	80	248	250	181	182
及格	78	244	246	178	179
	76	240	242	175	176
	74	236	238	172	173
	72	232	234	169	170
	70	228	230	166	167
	68	224	226	163	164
	66	220	222	160	161
	64	216	218	157	158
	62	212	214	154	155
	60	208	210	151	152
不及格	50	203	205	146	147
	40	198	200	141	142
	30	193	195	136	137
	20	188	190	131	132
	10	183	185	126	127

表 4-7　大学生坐位体前屈评分表（单位：厘米）

等级	单项得分	男生		女生	
		大一大二	大三大四	大一大二	大三大四
优秀	100	24.9	25.1	25.8	26.3
	95	23.1	23.3	24.0	24.4
	90	21.3	21.5	22.2	22.4
良好	85	19.5	19.9	20.6	21.0
	80	17.7	18.2	19.0	19.5

等级	单项得分	男生		女生	
		大一大二	大三大四	大一大二	大三大四
及格	78	16.3	16.8	17.7	18.2
	76	14.9	15.4	16.4	16.9
	74	13.5	14.0	15.1	15.6
	72	12.1	12.6	13.8	14.3
	70	10.7	11.2	12.5	13.0
	68	9.3	9.8	11.2	11.7
	66	7.9	8.4	9.9	10.4
	64	6.5	7.0	8.6	9.1
	62	5.1	5.6	7.3	7.8
	60	3.7	4.2	6.0	6.5
不及格	50	2.7	3.2	5.2	5.7
	40	1.7	2.2	4.4	4.9
	30	0.7	1.2	3.6	4.1
	20	−0.3	0.2	2.8	3.3
	10	−1.3	−0.8	2.0	2.5

表 4-8　大学生引体向上 /1 分钟仰卧起坐评分表（单位：次）

等级	单项得分	男生		女生	
		引体向上		仰卧起坐	
		大一大二	大三大四	大一大二	大三大四
优秀	100	19	20	56	57
	95	18	19	54	55
	90	17	18	52	53
良好	85	16	17	49	50
	80	15	16	46	47
及格	78			44	45
	76	14	15	42	43
	74			40	41
	72	13	14	38	39

等级	单项得分	男生		女生	
		引体向上		仰卧起坐	
		大一 大二	大三 大四	大一 大二	大三 大四
	70			36	37
	68	12	13	34	35
	66			32	33
	64	11	12	30	31
	62			28	29
	60	10	11	26	27
不及格	50	9	10	24	25
	40	8	9	22	23
	30	7	8	20	21
	20	6	7	18	19
	10	5	6	16	17

第二节　校园体育文化节

一、校园体育文化节的基本知识

（一）校园体育文化节的内涵

从传统运动会演变而来的校园体育文化节是学校从师生的需要出发而设立的学校体育文化活动日,这个活动日以开展丰富多彩的体育活动为主体。校园体育活动的开展形式丰富多样,而校园体育文化节是其中一个非常重要的形式,是校园体育文化的重要组成部分,也是校园体育文化建设的重要内容,在健全与完善校园体育文化体系方面发挥着至关重要的作用。

学校体育发展确立了"健康第一"的指导思想,在该教育思想下,校园体育文化节展现出增强师生体质、增进师生健康、促进素质教育、实现学校体育目标等丰富内涵,这些也是校园体育文化节的本质内涵。从根本上而言,校园体育文化节是一种学校体育育人活动,其根本出发点为促进师生体质的增强和学生综合素质的提高。

（二）校园体育文化节的特征

1. 基础性

校园体育文化节重视对师生体育意识的培养,注重对体育健身与娱乐方式的普及,对选拔与竞技比较淡化,旨在促进师生体质健康水平的提高,为培养师生的终身体育意识和习惯奠定基础。

2. 主体性

校园体育文化节倡导学生主体性的发挥,鼓励学生积极参与校园体育文化节策划的整个过程,主动参与校园体育文化节中的各种活动,发扬个性,展现活力,抓住机会锻炼和提升自己。

3. 全体性

校园体育文化节鼓励师生员工"重在参与",尊重每位校园人参加校园体育文化节的权利,尽可能使全体参与者的需求得到满足。

4. 全面性

体育的文化传递功能和育人功能在校园体育文化节中得到了齐分的发挥。校园体育文化节形式多样、内容丰富,功能全面,对全面提升学生综合素质及促进学生个性发展具有重要意义。

二、高校体育文化节的策划

在高校举办体育文化节活动,必须做好活动策划工作。策划者为了将全校所有师生员工参与体育活动的积极性调动起来,促进其体育意识的增强,促进体育精神的弘扬和传播,必须在周密调查和系统分析的基础上对学校体育资源进行合理配置,系统性地策划节日活动的主题、目标、过程控制、活动宣传等,并做出决策,最后将可操作性较强的执行方案制订出来,为具体工作的有序展开提供指引。

下面具体分析高校体育文化节的策划内容。

（一）主题策划

高校体育文化节活动的举办有明确的目标和具体的任务。只有目标明确，主题策划才会有明确的指向。因为活动主题以活动目标为出发点，脱离活动目标的活动主题是没有实际意义和实际效果的。策划者要从特定目标出发，通过对相关资料的收集和分析，确定活动重点，即活动主题，这就是主题策划。

在主题策划中，要尽可能提炼具有科学性、教育性和可行性的主题，要结合活动的目的、指导思想和宗旨来提炼鲜明的主题，使之与活动要求相符。

（二）内容策划

策划好主题后，接下来就要策划内容了，内容要与主题相配合，保持一致，内容策划在体育文化节的整个策划中是非常关键的一环，必须给予高度重视。

高校体育文化节的内容策划需注意以下几点。

第一，以体育活动为主体，体育与文化交融，这是体育文化节的特色。"体育"始终都是体育文化节内容策划的核心和关键。高校体育文化节的内容主要包括体育表演、体育竞赛、图片资料展览、体育演讲比赛、体育知识竞赛和体育专题讲座等。其中体育竞赛、体育表演的主要呈现形式是在高校中举办大型体育竞赛和体育表演活动，主要参与者是大学生，此外也有学生之外的校园人参与，如教师和工作人员等，参与者众多，参与度较高，再加上活动内容丰富有趣，因此具有广泛的辐射性，吸引了众多主体的积极参与。其他体育文化节活动内容如图片资料展览、体育演讲比赛、体育专题讲座和体育知识竞赛等与传统运动会的举办方式截然不同，主要是将课余时间利用起来而举办的，鼓励师生积极参加，以提升参与者的体育意识，丰富其体育知识，拓展其视野，促进其全面发展。学生主动参与丰富多彩的体育文化活动，并在体育节活动的组织与实施过程中充分发挥主体作用，不仅能享受快乐，得到锻炼，还能塑造个性，激发活力，获得更多的收获。

第二，要基于对政府部门相关方针政策、学校体育工作规划、体育目标及办学特色等方面的综合考虑而精心策划活动内容。

第三，要经过对大学生运动兴趣爱好、体育需求及其他实际情况的深入调查来确定能够满足学生需求的活动内容。

（三）形式策划

高校体育文化节的活动内容对文化节的活动形式是有决定性影响的,活动形式反过来对活动内容也会产生相应的作用,二者是对立统一体。

高校体育文化节具体应该以什么样的形式来展开,这是没有统一标准的,在形式策划中主要是考虑以下几点。

第一,考虑文化节内容,选择与内容高度匹配和相互适应的活动形式。

第二,考虑实际因素,如时间因素、场地设施因素、经费因素、人力资源因素等影响体育文化节活动开展的主要因素,从实际出发进行活动形式策划,并结合高校办学特色来采取具有特色的活动形式。

第三,考虑大学生的生理特点和个性特征,采取大学生喜闻乐见的活动形式,同时还要尽可能别出心裁,力求创新,以吸引大学生积极参与体育文化活动。

第四,考虑活动的弹性和灵活性,为了使活动张弛有度,还要从形式上注重对文化节活动节奏的把握。

高校体育文化节的组织流程策划主要包括三个方面,分别是确定与优化组织结构、明确职能分工、做好任务分配,如图4-1所示。

图4-1　组织流程策划

三、高校体育文化节的项目设置

（一）体育竞赛类项目设置

在高校体育文化节的众多内容中,居于核心地位的是体育类项目。体育项目也是校园运动会的核心内容,所以从体育项目来区分高校体育文化节和校园运动会则存在一定的难度。体育文化节中的体育类项目和校园会中的体育项目一样都具有竞技性,但除了竞技性外,体育文化节中的体育比赛内容也具有娱乐休闲性和趣味性,降低了体育比赛的参与门槛,为更多人参与体育比赛、享受竞技乐趣提供了机会。

下面列举高校体育文化节中经常设置的几类体育项目。

1. 竞技体育项目

竞技体育的教育功能是显性的,通过开展竞技体育能够培养大学生的体育素质和综合素养。在高校体育文化节中常常设置一些传统竞技项目,如球类项目、田径项目等,这些也是高校体育课程的主要教学内容。通过设置这些项目,能够使大学生将自己的竞技实力充分展示出来,使大学生在竞技比赛中对体育的魅力有深刻的感悟,并自觉传承竞技体育精神。

2. 表演体育项目

高校体育文化节中的表演类体育项目不像竞技体育项目那样紧张、激烈,但也具有很强的观赏性。体育文化节中的表演项目大都是以集体形式展示的,有时对表演单元单独安排,有时在不同竞技比赛项目之间穿插安排集体表演项目,以点燃校园运动激情,传播正能量,营造浓郁的、轻松活泼的校园体育氛围。

3. 健身体育项目

高校体育文化节面向的群体是全校师生及其他员工,不管哪类人群,不管各类人群有什么样的生活方式、社交习惯,不管人群之间存在哪些差异,都可以找到适合自己的健身类体育项目。健身体育项目在高校拥有广泛的群众基础,因此非常适合在高校体育文化节中设置这类项目。健身类体育项目对参与者没有很高的技术要求,接近人们的生活,所以带动性很强,能够激发校园人的参与兴趣。举办有氧健身操、慢跑等健身类体育项目,要对全体师生员工的参与度和参与者的完成度予以重视,使学校体育文化节中健身类项目的价值得到充分发挥。

4. 休闲体育项目

休闲体育项目强调人们在活动中的体验,能够使参与者愉悦身心、放松压力、陶冶情操、审美怡情的需求得到满足。在高校体育文化节中开展象棋、桌球、围棋、轮滑、滑板等休闲类体育项目,要强调内容的全面性和参与者的全体性,而对竞赛名次不做过分强调,以休闲娱乐和重在参与为主。休闲体育项目的开展使得高校体育文化节的项目构架越发丰富,促进了体育文化节内容的拓展。

5. 趣味体育项目

趣味体育项目也就是体育游戏,其既有竞技体育的竞技性,也有休闲体育的娱乐性,因而可以说这类体育项目是具有综合性的,对激发大学生的参与热情和健全与完善大学生的人格很有帮助。

高校体育文化节中的体育游戏主要是集体类游戏,有很强的观赏性和吸引力,促进了高校体育文化节影响力的传播和扩大。此外还有一些个人类体育游戏,以传统体育游戏为主,如投壶、陀螺、射弩等,这类项目的开展有助于传播传统体育文化,促进现代体育文化与传统体育文化的交流与融合,丰富高校体育文化节的文化内涵。

6. 电子竞技运动项目

电子竞技运动具有虚拟性、趣味性、互动性,以其独特的魅力在我国开辟了广阔的市场,吸引了众多爱好者参与,成为社会上非常流行的一种体育文化现象,其带来的经济效益非常可观。

体育类电子游戏在电视电子竞技游戏中占有一定的比例,将体育类电视电子竞技游戏引进高校体育文化节中,有助于激发大学生的兴趣,吸引大学生的注意力,营造良好的节日娱乐氛围,同时也为没有参与实体体育项目的师生提供了良好的机会,使其通过参与电子体育游戏而对体育文化的魅力产生良好的体验与感受。

(二)其他文化活动项目设置

高校体育文化节除了包括体育竞赛类项目外,还包括一些贴合体育文化节主题的非竞赛类体育活动,如体育论坛、体育电影展、体育摄影展、体育讲座等。这些文化活动淡化了体育的竞争性,充分反映了"以人为本"的活动指导思想,扭转了高校传统体育文化节中只有竞赛项目而忽视文化元素的局面,促进了体育文化节活动内容的丰富,也是对竞技比赛氛围予以调节的重要手段。这些非竞赛类体育活动不仅面向高校师生,也面向社会群体,增加了参与者类型,促进了高校体育与社会体育的互动。

四、挖掘高校文化资源，促进高校体育文化节建设

高校体育文化节是高校文化的重要组成部分，是根植于高校文化而产生的。在高校体育文化节的建设中应对高校文化资源予以充分挖掘，依托校本文化而对文体结合的体育文化节进行建设，突出高校体育文化节的特色。

（一）以高校物质文化为基础

在高校校园文化建设中，首先要进行物质文化建设，高校物质文化是高校体育文化节建设的基石。高校物质文化建设中要突出物质文化的实用性、发展性、艺术性和学生主体性，倡导简洁、实用、宁静、典雅，充分展现物质文化的丰富内涵。此外，高校还应秉着环保、节能的原则进行物质文化建设，将新建、改造结合起来，倡导就地取材、废物利用、变废为宝，节约成本。高校物质文化具有育人功能，在物质文化建设中应将这方面的功能充分体现出来。

高校物质文化是高校体育文化节建设的基础支撑，体育文化节中的各种体育活动离不开宽阔的场地、功能多元的场馆、完备的器材等物质条件，因此要以高校物质文化为基础而构建高校体育文化节。

（二）以高校精神文化为依托

高校校园文化中居于核心层的是高校精神文化，高校精神文化建设一直以来都是高校校园文化建设的重点与难点。高校精神文化有较广的覆盖面，其中包括"终身体育观"这一重要组成部分。高校应从师生的实际情况出发，坚持以人为本的原则而进行校园精神文化建设，并在精神文化建设中努力培养大学生的终身体育观念和习惯。

高校体育文化节的举办需要由高校精神文化提供重要支撑，体育活动在维系和完善高校体育精神文化中发挥着至关重要的作用，因此举办高校体育文化节具有重要的现实意义。高校体育精神文化能够通过体育文化节这个平台得以展现，但要先以高校体育精神文化为出发点而努力形成良好的校园体育风气和体育氛围，并加强课外体育活动的举办，从而为顺利开展高校体育文化节并一直延续这个传统而奠定良好的精神基础。

（三）以高校制度文化为保障

高校所有工作的开展都离不开制度文化,健全的制度文化是高校正常运行的重要保障,高校工作能否取得事半功倍的效果,关键要看是否有成熟的运行制度。良好的高校制度文化既能满足高校发展的内在需求,又能彰显高校办学特色,传播高校传统文化。

高校体育文化节是一个庞杂的系统,体育文化节各项活动的开展都离不开每一步的缜密计划和精心筹备,这时高校制度文化就尤其能体现出重要性,发挥重要价值。筹划高校体育文化节工作,需要明确各个部门的职责与分工,需要确定和文化节有关的法规制度,而这些都要以健全成熟的高校管理制度为保障。

（四）以高校行为文化为抓手

高校体育行为文化产生于高校体育活动中发生与进行的人际交往中,高校体育行为文化建设的整体情况都是从高校各种各样的体育活动中反映出来的。高校体育行为文化具体体现在高校体育课程建设,体育社团与俱乐部成立和运作,体育组织管理,学生体质测试成绩、体育活动方式等多个方面。

建设高校体育文化节,要求大学生具有良好的个人体育行为习惯,要求高校整个体育行为文化建设良好。在体育文化节建设过程中,要合理选择能够培养大学生良好体育行为习惯的内容和形式,并搭建平台来进一步推动高校体育行为文化建设,这样高校体育文化节的开展也能受益于此。

第三节　校园课外体育安全管理

一、高校课外体育活动中伤害事故产生的原因

课外体育活动既包括班级的课外体育活动,也包括院系的课外体育活动,还包括学校整体举办的课外体育活动,此外,学校运动队训练、学校体育比赛等都是课外体育活动的重要内容。各种各样的课外体育活

动具有鲜明的开放性,也因为体育的对抗性而存在一定的风险。课外体育活动中发生安全事故是很常见的,其中发生伤害事故较多的项目是在高校普及度较大的球类项目。大学生在课外体育活动中容易受伤,主要原因在于活动组织无序、缺乏准备活动、技术不规范、缺乏自我保护意识与能力等。

（一）一般课外体育活动的事故原因

在一般性的课外体育活动中,发生伤害事故的主要原因是,学校对这类活动的内容和组织形式没有统一的安排,组织不力,缺乏指导和监管,所以容易发生伤害事故。

（二）课余训练的事故原因

高校运动队在训练中发生伤害事故的主要原因如下。

（1）忽视了对大学生运动员的健康检查,缺乏对其健康状况尤其是伤病史的真实了解。

（2）运动队采取单一枯燥的训练方法和手段,导致大学生运动员对训练产生厌烦、麻木等不良情绪,无法集中注意力进行训练,从而容易发生伤害事故。

（3）教练员没有合理安排运动负荷,运动处方缺乏合理性,甚至与大学生身心规律和运动训练规律相违背。

（4）忽视了训练前的热身准备和训练后的放松整理活动。

（三）课余竞赛的事故原因

体育赛事具有强度大、负荷大、对抗性强、竞争激烈等特点,所以风险系数很高,安全隐患很大,这是高校体育赛事比其他课余体育活动较易发生伤害事故的主要原因。具体来说,高校课余赛事的事故原因有以下几点。

（1）高校领导或体育赛事管理者没有准确预测和预防赛事中可能存在的安全隐患,因为缺乏管理,比赛风气、纪律都比较差,有时会发生打架斗殴事件,造成严重的伤害事故。

（2）高校在赛事举办期间安全保卫工作没有做到位,缺乏安全应急预警机制。

（3）在规模较大的校际体育赛事中,有时因为对交通、饮食等方面的管理比较松懈,所以容易出现交通事故或食品安全事故,造成严重伤害。

（4）缺乏医务监督和管理,应急处理不及时、不合理,酿成了更严重的伤害。

二、高校课外体育活动中伤害事故的预防及现场处置

（一）课外体育伤害事故的预防

预防课外体育伤害事故的方法如下。

（1）加强对大学生的体育安全教育,以预防为主。

（2）体育教师或教练员要重视对大学生课外体育活动的指导和监管,不仅要给予技术上的专业指导,还要加强安全管理。

（3）大学生要注意在合理的环境与条件下参与课外体育活动,合理选择运动时间和运动方式,如在炎热的夏天选择温度较低的时间段进行锻炼,寒冷的冬天选择在一天中温度较高的时间段进行锻炼,以防止发生中暑或冻伤等事故。

（4）在正式活动前要做好热身准备,以全身性热身活动为主,如快走、慢跑等,使身体各部位、各关节尽可能大幅度活动,促进一般运动能力的提升。在全身性运动的基础上再附加一些专门性的准备活动,如模仿即将参与的活动的动作,使运动中枢系统达到一定的兴奋度,使思想、身心都做好充分的准备,从而在正式运动时尽快进入状态。

（5）通过购买保险的方式来进行风险转移。

（二）课外体育活动伤害事故的现场处置

（1）教师发现学生受伤或接到学生报告后立即联系校医务室,并将伤者迅速送往医务室。

（2）判断伤者的受伤程度,根据事故严重性而先向辅导员报告,再向院系主管领导报告,层层上报。轻者送到医务室处理,重者紧急联系120送往医院治疗。

（3）当受伤学生被送到医院治疗后,教师陪同在其身边,准备好向学生家长将事故情况说明,尤其要将医嘱和一些重要事宜向家长说明。

（4）学校帮助伤者落实医疗保险报销情况。

三、制定课外体育活动安全制度

为防止大学生在课外体育活动中发生伤害事故,高校应重视对课外体育活动安全制度的建设,主要内容如下。

（1）体育教师加强安全教育和监督。

（2）饭后1小时进行体育活动,剧烈运动后1小时左右进餐。

（3）运动前要做适量的准备活动,时间一般以20分钟为宜。准备活动的强度以全身发暖,微微出汗为准。

（4）体育活动组织者要注意运动环境的安全性,排除易发生伤害事故的因素。

（5）大学生参与课外体育活动时,穿运动服,衣服要适度宽松,身上不要佩戴硬质物品。

（6）一旦发生损伤事故,及时进行紧急处理,严重者要尽快送医。

（7）课外活动实行责任制,谁组织,谁负责。

（8）组织大型课外体育活动时,各院负责人到场指挥,防止队伍混乱,造成伤害。

（9）预估危险项目,制定应急和应对措施,加强安全检查,防止事故发生。

（10）在传染病严重期停止一切大规模体育活动。

第五章

新时期校园竞技体育文化的建设与发展

在新时期的背景下,我国校园竞技体育文化的发展迎来新的机遇与挑战。校园体育文化是一个全方位的概念,需要从多个角度进行研究与分析。另外,任何文化都有它的时代背景,在建设校园竞技体育文化的时候需要紧密结合当下时代的发展特征与趋势,才更具有现实意义。本章将从校园业余运动队的建设、校园课余体育训练、校园体育竞赛活动组织及改革发展、校园竞技体育人才的培养四个方面重点展开阐述。只有做到全面、彻底地发展建设校园竞技体育文化,才能真正起到促进我国竞技体育事业的可持续发展的作用。

第一节　校园业余运动队的建设

一、校园业余运动队的建设模式

（一）校园运动队的形式

1.联办型

联办型是指学校与地方体委或者体工队、职业队联合建队,学校负责业余运动员的学籍并安排相应的文化知识课程,而体委和体工队负责安排平时的训练和竞赛活动。这种模式可以很好地扬长避短,既能发展学校和体委各自的优势,又能克服高校独立建设高水平运动队所面临的经验与能力的不足,因此联办型在早期起到一定的积极作用。但它的不足之处是不利于校园业余运动队的长期发展,也不利于运动员的职业发展。

2. 自办型

自办型是指高校招收体育特长生进行自主培养,从招生到教学、训练、参赛全部由高校独立组织完成。这种类型是目前校园业余运动队的主要发展模式,它要求高校要持续地、大量地投入资源培养自己的教练员、运动员以及相应的管理系统。经过一段时间的实践之后,一些高校已经逐渐摸索出具有自身风格的运动项目和管理模式。和联办型相比,自办型更有益于运动员体育竞技训练和专业知识学习的协调发展,也有益于高校建设自己的校园体育文化和校园运动队。但是需要克服的最大挑战是教练队伍的业务水平有待提高,而且建设经费较为紧缺,高校需要努力探索和挖掘运动队的自我造血能力,才能保证其持续健康地发展下去。

(二)推广体教结合模式

校园业余运动队的建设,实质上是"体教结合"的具体实践,是发展我国培养竞技体育人才的重要路径的摸索。培养符合时代和社会发展需要的体育人才,要以教育为依托,以大学为基地,与体育系统合作,让普通的大、中、小学校承担起更多的责任,建立起小学—中学—大学一条完整的学校竞技体育训练路径,打破体育与教育相互割裂、分离的局面,将体育资源和教育资源进行有机的整合。从根本上结束高校业余运动队的无序发展状况的最好办法就是鼓励教育系统从小学、中学、高校分别根据自身的特点,创建自己的专项体育俱乐部、青少年体育项目培养基地等,打通小学、中学、大学的竞技体育人才培养的通路。目前,走在前面的一些校园运动队有清华大学跳水队、华东理工大学乒乓球队、复旦大同跳高俱乐部等。

二、校园业余运动队的组织与设计

(一)组织的含义

由于研究的角度不同,目前学界对组织解释也略有差异。但是就校园业余运动队而言,要使管理工作取得成效,必须有一个健全、合理的组织结构。在具体的实践中由于各个学校自身的现实条件与原有风格各有侧重,因此在组织形式上也存在一定的差异性,但是整体而言,他们普遍具备以下几个要点:

(1)按照一定的目的、在一定的时间和空间内,将人、财、物、时间、信息等资源进行合理的、有效的配置组合,属于动态的活动过程。

(2)固定和强化动态组织活动中有效的配置,因而形成组织的结构模式。

(3)组织既代表一套实现工作关系的技术系统,也是一套人际关系的社会系统。

(二)设计的原则

为了实现运动队的目标,把各项权利、责任等组织内部各要素有机组合成正式系统,以实现协调的过程即为组织的设计。有效的组织设计能够为组织活动提供明确的指令,有助于组织的秩序性和效率性,在进行校园业余运动队的组织设计时要遵循以下原则。

1. 以目标和任务为中心

任何一个体育组织都有其特定的目标。也就是说,组织的目标、任务决定了组织的存在形式。因此在设计时要紧紧围绕组织的目标和任务,尽量做到组织的机构、人员以及其职能的合理性、有效性。

2. 权利与责任对等

权利与责任对等原则要求在进行组织设计时,严格保证权利与责任的均衡,组织内的任何人员只要被赋予一定的权利,就意味着要承担相应的责任,要保证组织内的每个人都能在其位、谋其政,为学校业余运动队发挥出应有的价值。特别是在筹建初期,校园运动队肩负着重要的使命,同时也面临着诸多困难,这时候更需要一个十分高效、尽责的组织才能承担起这一重要的管理目标。

3. 精简高效

精简高效原则是对组织效率和工作质量的要求。只有机构精简,队伍精干,才能保证组织的效率,校园业余运动队应该是一个具有超凡的开拓能力和强大的执行力的组织。如果组织结构过于冗余,必然影响其效率。

4.统一指挥

体育组织机构的设置应该保证命令和指挥的统一,以保证组织的效率。它要求组织始终保持一条高度有效的管理指挥链条,组织一旦决定了目标和任务,必须贯彻执行,并且每个人只能有一个上级,不可以越级指挥,不可以有许多领导同时指挥。因为如果不对统一指挥做出明确要求,在组织的活动中会出现指令执行不力,有不同的领导给出不同的意见等现象,会大大降低组织的执行力。

(三)设计的程序

组织的设计有基本的程序,下面对工作划分、结构设计这两个方面进行介绍。

1.工作划分

校园业余运动队的整体目标确定后,体育组织的总任务得以最终明确。接下来就以这个总任务和核心,规划设计组织的结构。首先是对任务目标进行合理划分,以工作量为依据安排人员的构成,并且尽量做到工作的细化、标准化和专业化,使每个岗位的职责明确、具体、有章可依。同时尽量做到所有的工作都是围绕着总目标进行的,凡与目标无关的事情一概舍弃,避免投入任何人力、物力在无关紧要的事情上。另外,要建立相应的考核机制,以保证组织的工作效率。

2.结构设计

组织结构的设计是解决领导层、各个部门及各个岗位的相互关系,是建立组织的运作机制的重要环节,是保证组织管理活动协调有序的关键。在设计校园业余运动队的结构时,主要内容应包括决策系统、执行系统、监督系统、反馈系统以及咨询系统的设计。一般而言,组织的结构没有固定的模式,每个学校可根据自身的实际情况以及自身的任务特点而进行设计,建立不同结构类型的组织机构。比较常见的体育组织结构类型有直线式、职能式、直线职能式、矩阵式、团队式等。

三、校园业余运动队的管理协调

（一）管理协调的含义

任何组织的整体与部分彼此间总会不可避免地出现不和谐的现象，此时就需要协调和管理才能保证组织整体的和谐一致，校园的业余运动队也不例外，在具体运行过程中，一定会出现一些权责的争议、矛盾或者摩擦等需要克服。因此，通过一定的手段和方法，及时发现、避免、克服体育组织内部及与外部的矛盾和摩擦，保证组织的顺利运行。

校园运动队系统是校园这个大系统中的一个子系统，它可能会直接影响校园大系统的性质和稳定性，同时也受到来自大系统的作用和影响。另外，校园运动队涉及的范围较为广泛，相互关系复杂，要想得到良好的发展，不仅需要运动队系统内部的和谐一致，同时也需要校园各个系统的配合和支持，才能达到预期目标。

（二）管理协调的方法

1.沟通的方法

沟通是人与人之间交流信息、思想、观点和意图的过程。沟通也是联结组织中各个部门、个人并成为一个有机整体的重要手段。一个结构科学、合理的组织系统，其沟通系统必然是健康的、高效的。沟通是协调工作的必要前提，是保证组织目标、任务在思想上统一的必要前提，是组织内部以及组织对外进行交流与合作的必要前提。沟通的方式按组织系统分为正式沟通与非正式沟通。

（1）正式沟通

正式沟通是指组织内规章制度规定的沟通方式。一般按照层级的沟通方式和方向分为下行沟通、上行沟通和平行沟通三种。

（2）非正式沟通

非正式沟通是指正式沟通渠道之外进行的沟通。非正式沟通的优点是沟通形式灵活且信息传递速度快，缺点是信息容易在传递的过程中损失甚至失真。非正式沟通是正式沟通的补充，如果能对两种沟通方式善加运用，可以实现增强沟通效率的目的，这是组织科学管理、有效运行的重要条件。

2. 部门之间的协调方法

在组织的管理协调工作中,部门之间协调常常是重点和难点。这时候需要采取一些具有针对性的解决方法。比如设立专门的协调机构或者指定专门的协调人员,当情况较为复杂难以按照常规办法沟通解决的时候,可以有专人进行公关或者攻坚工作。另外常常采用的方式是召开协调会议,召集所有的相关部门和负责人以集中商榷、讨论和解决一些复杂问题,以提高工作效率。

3. 人际关系的协调方法

人际关系是工作和生活中最基本的交往环节,任何一项大的工作任务最终都会落实到具体的个人与个人之间,因此人与人之间的交往是工作的基本形态,如果人际关系融洽,工作进展也会更为顺畅,如果人际关系出现误解、抵触,工作过程中就会出现延误、阻滞的情况。因此,人际关系是工作中必不可少的部分,是非常复杂也非常重要的议题,很难用简单的方法进行概括,但是处理好人际关系的基本原则是保持彼此多加理解、配合、支持的正向交往模式,同时组织内可运用明确的奖罚机制对成员进行合理的激励与约束,总之目的就是督促和协调组织这一系统能够围绕着共同的目标而积极开展工作。

四、校园业余运动队的发展战略

(一)校园业余运动队的战略意义

无论对于哪个行业,发展战略都是其中的重要课题,校园运动队在建设之初,也应该对其发展战略进行明确,对其意义与作用进行深入的理解与探讨,才能更为有效地指导运动队朝着正确的目标健康发展。校园运动队虽然是属于校园内的一个子系统,但是由于体育运动的发展具有很强的社会属性,因此,在进行战略部署时有必要对体育运动的整体发展前景做出合理的判断和认识。另一方面,体育运动又具备鲜明的竞争性,这就意味着保持强有力的竞争能力也是战略考虑的重点。

由此可见,校园运动队的发展战略具有重要的意义和作用,它是指导校园运动队发展的必要前提,也是将运动队作为一项事业发展的根本需要。

（二）校园业余运动队的战略特征

1. 全局性

运动队的发展战略首先是关乎整体发展目标的设想,因此要从全局出发对一些根本的、重大的原则、目标和任务进行系统的思考。例如,立足于校园的整体发展规划,校运动队应当完成哪些任务、达到哪些目标才能符合全局的发展需要;相比于其他同类院校的校运动队,如何合理发展自身的长处、规避自身的不足而获得竞争优势;以及运动队应确立哪些长期、中期和短期目标,才能保持自身的发展能够顺利地进行等。因此,在研究和制定校园运动队的发展战略时,必须确立系统的观念,运用系统分析的方法。

2. 规划性

规划性是指将完整的战略构想做出详细的文字表述,规划性是保证战略落地的重要步骤,规划性与全局性是相互呼应的关系。战略往往具有超前性的特征,是指向未来的发展结果。然而从当下到未来的这段过程应该采取哪些行为、时间如何规划、需要完成哪些重要的小目标等都属于规划的范畴。规划性是战略的内在属性,一个详尽的、可执行的规划方案是保证整体战略落地实现的必要前提。例如,校园运动队的规划一般会通过文字的形式对战略的基本结构和发展步骤进行明确的阐述,包括分析现状、细化目标、罗列指标、战略对策等内容,有效地增强了发展战略的可行性。

五、校园业余运动队的组建

（一）训练项目的确定

对于非体育传统项目学校或者竞技体育人才培养试点院校而言,应该立足于本校的传统体育项目或者是想要突出发展的体育方向,同时考虑本校的师资力量、场地、器材和生源等现实情况,综合各种条件以及其相互间的关系而确立训练项目。如果是初次建立校园运动队最好先集中精力从一两个项目着手。

（二）运动员的选拔

校园运动队的组建主要是为了选拔和培养有体育特长的潜在人才，通过课余训练争取培养出优秀的竞技体育后备人才。因此，在选拔校运动队运动员的时候可以参照竞技体育运动员选材的步骤，对本校的体育特长生进行科学的培训。对于具备某些体育优越条件的学生可以对其进行系统训练，并选送这些校运动员参加一些校际的体育交流或者竞赛，增加学生对该项目的认知和训练热情，为培养竞技人才做好准备。

（三）指导教师的配备

体育教师的数量和质量将直接影响校运动队的发展水平。因此，除了校领导的重视程度、生源条件、场地和设施配备情况之外，一个学校运动队的发展前景将受到教练员的专业能力和投入热情程度的影响。大多数情况下学校运动队的教练都是由本校的体育教师担任，有条件的学校也会从校外邀请体校的教练或者体育俱乐部的教练来校担任训练指导工作。

第二节　校园课余体育训练

一、校园课余体育训练的含义和特点

（一）校园课余体育训练的含义

校园课余体育训练是指在课余时间，一些对体育有兴趣或者在某些项目上表现出一定天赋的学生，以运动队、俱乐部等形式进行较为系统的训练，目的是全面发展他们的体能和提高他们某项运动的技术水平，成绩突出者可以进而培养为竞技体育后备人才。

（二）校园课余体育训练的特点

校园课余体育训练的特点包括一般训练特点以及课余训练的特点。

1. 一般体育训练的特点

一般训练的特点是指以提高运动成绩为主要目标的运动训练，校园课余体育训练同样具有提高某些身体素质或者专项技能水平的目的,因此在训练方法、内容和手段上具有一定的相似性。尽管训练方法、内容和手段具有相似性,但是在具体的运用中还要考虑到不同学生在身体、技术、战术、心理、智力等方面存在的个体差异,因此要注意因人而异和区别对待。

2.课余体育训练的特点

校园的课余体育训练的显著特点是业余性。例如,平时以文化课为主,利用课余时间进行训练;而集训期间,以运动训练为主,坚持全天训练或半天训练,半天时间进行文化课学习。

二、校园课余体育训练的原则和形式

(一)校园课余体育训练的原则

1.一般训练与专项训练相结合

在进行课余训练时,要注意一般训练与专项训练相结合原则。既在整个训练过程,将一般训练和专项训练作有机地结合,穿插进行。同时根据训练的长期目标、中期目标和短期目标对训练内容作灵活的调整,根据所处的训练阶段的不同而选择性地强调一般训练或者专项训练。尽管一般训练与专项训练的任务和内容不同,但是目的都是提高运动技能和成绩。并且,若想达到一定水平的运动能力需要机体整体的配合,并非仅仅是某个单项能力所能决定,因此一般训练要贯穿在整个训练过程中,而提高整体的运动水平仅靠一般训练或者专项训练都是无法实现的,因此必须将一般训练与专项训练相结合,才能全面地发展个体的身体素质和运动技能。

2.系统性

系统性原则是指训练过程中要把不同学年、学期的训练目标和内容进行系统性的安排,每一个阶段的训练不是孤立进行的,而是层层衔接、彼此呼应的。并且,校园课余体育训练也是我国培养竞技体育人才大系统中的一个子系统,需要符合国家的竞技体育人才培养的整体规划要求。

3. 周期性

周期性原则是指训练过程具有一定的周期性,周期以一种循环往复的方式进行,每个新的周期是建立在前一个周期的基础上增加训练要求和难度,从而达到不断提高运动水平的目的。周期性原则的依据是人体获得一项新技能的过程也具有一定的周期性,因此训练的节奏和内容要符合人体的基本生长规律,不能拔苗助长。同时,机体的竞技状态一般也分为获得阶段、相对稳定阶段和暂时消失阶段。因此,课余体育训练也要根据竞技状态发展的规律而分为准备期、竞赛期和休整期三个阶段而进行。

4. 区别对待

区别对待是指在训练中要根据个体的特点进行针对性的训练,因此每个人的训练目标、内容、手段、方法和运动负荷都不尽相同。区别对待原则是保证训练效率的前提,是让运动队的所有成员都能够得到最佳发展的根本保证,它要求根据每个人的年龄、性别、身体条件、训练基础、心理水平、个性特点以及文化知识水平等因素的不同,而设计和采用不同的训练方法与计划。

(二)校园课余体育训练的形式

1. 校园运动队

校园运动队是我国校园课余体育训练最普遍的一种组织形式。校园运动队在促进学生课外体育运动、丰富课余生活以及为国家培养竞技体育后备人才方面发挥了积极作用。

2. 基层训练点

基层训练点是指针对某个运动项目进行重点训练的基地,是由教育系统与体育行政部门共同规划和管理的组织。大多数的基层训练点是以一所重点中学为基地,招收该区域附近学校所有的体育特长生,定期进行针对某项运动的系统训练中心。

3. 体育俱乐部

体育俱乐部是指由学校组织的根据学生的需要、学校的体育传统以及企业的赞助情况等因素结合而建立的以某项体育运动为主要内容的俱乐部。这种组织形式由于得到经济实体的拨款赞助因此其训练场地、设施以及教练的水平都有一定的保障，对学生有较强的吸引力，是体育社会化和教体结合的新尝试。但是如何大面积地复制这种形式，或者在全国范围内是否有条件全面展开还是一个相当的挑战。

三、校园课余体育训练的实施

（一）校园课余体育训练计划

无论是校园运动队还是俱乐部在训练之初首先需要制定一个较为完善的训练计划。训练计划要从学校教育的实际情况出发，确定训练目标，然后再结合学生的身体素质、运动能力、生理和心理特点等，制订出详细的训练计划。训练计划一般分为年度训练计划、阶段训练计划、周训练计划和课时计划四类，同时也包含相应的评价、总结和改进等内容。

1. 年度训练计划

根据学校的教学周期，训练计划也以年度训练计划为阶段目标，其中包含了本学年的训练任务、要达到的训练指标、参加比赛的时间安排以及训练评价和年终总结的时间和方法等。

一般按学期和季节将年度训练计划划分为秋季、冬季、春季和夏季四个训练阶段。还可以根据年度比赛任务和运动项目的特点，按竞技状态发展规律确定训练阶段。

2. 阶段训练计划

在确定了年度计划之后，接下来要将训练计划细化为阶段计划。阶段训练计划会重点考虑具体运动项目的特征，比如可以按照季节分为春季、夏季、秋季和冬季训练计划；或者依据项目的比赛时间进行划分，如赛前准备阶段、比赛阶段和赛后恢复阶段等。总之，阶段训练计划比年度训练计划更为具体。

3.周训练计划

周训练计划是在阶段训练计划的基础之上,以周为单位制定的具体操作和安排。为了保证训练质量,课余体育训练计划基本上是跟随教学安排同时进行的,但是在即将面临重要考试的阶段也会短暂暂停,在寒暑假则适当增加训练量和训练时间,但是基本上仍然以周为基本单位来制订训练计划。频率为一周3～4次,或者一周2次训练。

(二)校园课余体育训练内容

1.素质训练

身体素质训练是任何体育训练的基础,校园课余体育训练在内容安排上有大量的针对身体素质的训练内容。素质训练是增进学生全面发展体能素质和运动能力的前提,是为后期掌握运动技战术的必要准备。它包括一般身体训练和专项身体训练。一般身体训练旨在提高机体各器官组织的功能,改善身体形态和姿势,为专项身体训练打基础。初期的校园运动队训练主要包括力量、耐力、速度、灵敏度、柔韧等几个方面。在训练中期则结合专项特点而加入专项素质训练的内容,进一步提高学生的机体功能,发展专项运动素质。需要注意的是,校园的课余体育训练要根据不同年级学生的身体发展敏感期,而进行针对性的训练,会得到事半功倍的效果。这些需要在制定年度训练计划时作整体的考虑。

2.技术训练

技术训练是提高运动成绩的重要因素,每个学校根据本校的项目特点安排特定的技术训练内容,它常常带有一定的机密性,是一个学校保持专项水平的核心,也是创造优异运动成绩的根本。技术训练又包括基本技术训练和高难度技术训练。但是无论什么运动项目,都要遵循动作技能形成的基本规律,它是一个循序渐进的过程,需要从基本训练逐级提高、慢慢掌握,教练和学生都要投入相当的时间成本,因此发展校运动队是一个长期的体育事业。

3.心理训练

心理训练是运动训练的重要组成部分,它是指在训练过程中有意识地对学生的心理过程施加影响,使他们逐渐掌握调节自己心理状态的能力。心理训练要结合学生的年龄、性别、训练水平等实际情况,还要结合训练过程中出现较强心理反应的阶段。例如,在临近赛前阶段如何克服紧张的心理,在比赛中如何调节情绪的起伏,在赛后如何进行正向分析保持积极的心态继续参加训练等。总之,心理训练就是让学生掌握心理调控能力,提高心理稳定性,即使在复杂的比赛环境中也能很好地适应,具备稳定地发挥高水平的运动表现能力。

4. 战术训练

在身体训练与技术训练达到一定水平之后,为了赢得比赛需要对学生进行一定的战术训练。具有战术能力的学生会根据比赛情况而正确分配自身力量,并根据竞争对手的情况而随时进行调整以期最大程度地发挥自身的特点、同时压制对手作正常发挥。无论是个人项目还是集体项目,战术都是必不可少的,它要求运动员具备较好的心理素质,能够根据临场情况而随机应变,迅速做出决断,巧妙地运用展示,有时候能够以弱胜强、反败为胜。

5. 智能训练

在进入较高水平的训练之后,课余体育训练还包括一定的智能训练内容。比如培养学生的观察力、记忆力、想象力以及分析能力,使其能够把握赛场上的重要信息,力争获得比赛的胜利。但是智能水平的训练不是孤立进行的,它需要学生在平时就具备较好的文化基础,能够自觉学习各种文化知识、体育知识,自觉发展自己的智能水平,采用多种方法和手段,以提高智力训练的效果。

(三)校园课余体育训练方法

1. 重复训练法

重复训练法是指在不改变动作要素、结构及负荷数据的情况下,反复进行练习的一种训练方法。重复训练法是针对身体,技、战术以及意志品质等方面的重要训练手段。但是重复训练往往比较枯燥和乏味,这需要教练在训练过程中进行有机地调节,保护学生的训练积极性,因为校园课余体育训练如果过于枯燥和艰苦的话,可能会打消学生的参与热情,因此教练在提高学生技能水平的同时还要注意要把握适宜的训练度。

2.连续训练法

连续训练法是指以稳定的强度、稳定的频率连续进行某项练习的一种方法。它常常用于发展一般耐力,如长跑、游泳、排球的连续垫球练习等。

3.间歇训练法

间歇训练法是指严格规定两次动作的间歇时间并进行积极性休息的练习方式。间歇训练法能有效地提高呼吸和心血管系统的机能,特别有利于提高机体的心血管系统的机能。

4.变换训练法

变化训练法是指为了提高运动员的适应能力,在训练过程中通过不断改变动作组合、变换练习环境和练习条件等因素的一种训练方法。

5.竞赛训练法

竞赛训练法是指严格按照比赛的条件和要求进行练习的一种方法。它对提高学生的实战能力、适应比赛具有十分重要的意义。

6.综合训练法

综合训练法是指把重复法、变换法、间歇法、竞赛法等结合进行运用的一种训练方法。

第三节　校园体育竞赛活动组织及改革发展

一、校园体育竞赛活动的组织

（一）校园体育竞赛的形式

1.校园田径运动会

校园田径运动会是我国最为普遍的一种校园体育竞赛活动,具有一定的传统,也发展出较为丰富和成熟的组织形式。它一方面是对学校体育教学及训练的检验,也可以考察学校体育人才的水平,是发现和挖掘竞技体育后备人才的重要渠道。

2. 校园体育单项竞赛

除了校园田径运动会之外,每个学校根据学校自身的体育传统,还会开展一些体育单项的竞赛活动。例如校园篮球争霸赛、校园足球友谊赛、校园乒乓球循环赛等。这是学校发展体育传统的重要手段,一些具有专项体育传统的学校会定期举行单项竞赛活动。

3. 体育节以及体育知识竞赛

作为各种体育竞赛的有力补充,近年来一些学校体育文化节受到广大师生的欢迎。体育文化节一般包括多种文化活动形式,比如演讲、沙龙、展览、有奖竞答等,也包括一些单项的体育竞赛内容,它是全校学生体育文化和体育技能水平的一次全面展示,也是对学校体育教学情况和体育文化建设的整体检验。

(二)校园体育竞赛的特征

1. 综合性

从整体来看,校园的体育竞赛活动具有综合性的特点。它与传统意义上田径比赛相比,具有更强的休闲、娱乐和交流的意味,是学生课余生活的重要补充,它并非是为了强调学生的竞技能力,而是希望借助校园体育竞赛的形式,开阔学生的视野,加强对学生学习能力、适应能力以及人际交往能力的培养,符合培养全面发展的学生的整体目标。

2. 竞争性

校园体育竞赛和其他竞赛一样,具有强烈的竞争性特征。它通过体育竞赛的形式,对学生的竞争意识、竞技能力和竞技水平进行整体的锻炼和培养,具有重要的教育意义。校园体育竞赛能够从不同角度激发学生的竞争意识,有助于学生养成良好、健康的竞争习惯。同时,在准备竞赛以及在竞赛中,学生通过不断地迎接挑战、突破、超越,从而能够持续地提高体育技能,获得运动能力和心理能力等各方面的成长。

3. 协作性

体育竞赛是一个集体性活动,学生在参加校园体育竞赛活动时为了赢得比赛、获得荣誉必须具有集体协作能力。例如,很多竞赛项目需要一个团队共同完成,这需要团队中的每个学生不仅具备优秀的运动能力,还需要一定的领导力、协作能力和沟通能力,要怀有强烈的集体荣誉感和责任感。体育竞赛很好地锻炼了学生的协作性,这是校园其他学习活动不太强调的特性。

4. 娱乐性

校园体育竞赛本着严格按照职业体育竞赛的模式举办,追求认真、专业、严谨的态度,但是参与竞赛的绝大多数都是普通学生而非运动员,因此校园体育竞赛是一种涵盖多方面因素的综合性竞赛。为了提高学生参与竞赛的积极性,学校会适当降低、放宽比赛项目的标准或规则,增加娱乐性的内容,以提高学生的参与热情。因此,校园体育竞赛是一种带有娱乐性属性的综合体育竞赛活动。

(三)校园体育竞赛的组织

1. 准备阶段的组织

(1)确定竞赛筹备委员会。筹备委员会要负责确定竞赛目标、竞赛名称、竞赛规模、竞赛时间、竞赛项目,以及准备竞赛物资、宣传、安全、财务等几个方面的工作。

(2)负责参赛选手的报名、赛前训练安排工作以及确定裁判员组成。

2. 竞赛阶段的组织

(1)维护赛场秩序

一场体育竞赛组织水平的高下往往在赛场秩序中可以体现。赛场既是展示运动员卓越运动技能的舞台,也是展示组织者组织水平的舞台。赛场上,尽管比赛双方争夺激烈、观众席上情绪高涨,但是整体上依旧秩序井然。无论运动员、观众还是工作人员,所有人都按照比赛进程自觉遵守活动的纪律和规定,组织者对整个竞赛做了周密的计划和安排,让每个环节都能顺利地进行和衔接,所有人能自觉维护赛场秩序。这是对一所学校师生整体素质水平的集中考验和展示。

（2）成绩记录与统计

竞赛的核心环节就是对竞赛成绩的公正记录以及及时公布。因此,在竞赛过程中裁判组应该及时、准确地记录好竞赛成绩,并及时临场公布,保证下一个赛段的正常进行。

（3）对突发情况的预案

准备再充分的竞赛活动,也不可避免地会出现一些临场突发状况。因此,一场竞赛的预案准备一定要全面、合理而有效。对竞赛临场出现的技术问题、违规问题以及安全保障问题要做好充分的应对措施,并且尽可能地做好预防工作。

3.结束阶段的组织

（1）闭幕式和颁奖

闭幕式和颁奖活动必不可少,它们是竞赛活动优胜者品尝胜利果实的重要环节,也是学生长期坚持艰苦训练后最终兑现成果的一刻。依据成绩的汇总、参赛学生的总体表现,组委会对获胜者颁发相应的奖牌、奖杯,并且以隆重的闭幕式活动为本次竞赛画上圆满的句号。

（2）赛后经验总结

在竞赛结束后,筹备委员会要邀请和组织所有参与者进行赛后的经验总结工作,对不足之处找到原因和解决方案,为以后能更好地举办校园竞赛做好准备。

二、校园体育竞赛活动的改革发展

（一）以人为本的发展观

在学校体育竞赛活动的举办过程中,有的学生会由于过度追求运动表现和竞赛成绩而产生过度的心理压力与心理负担,有的学生甚至为了获得突破而过量训练导致运动损伤的情况发生。因此,学校今后应加强对体育教师和学生的指导教育工作,强调以人为本的发展观。学校组织体育竞赛的根本目的是为了学生的全面发展,提高学生的身体素质、培养学生的竞争意识以及发现竞技体育后备人才。但是,如果学生为了提高竞赛成绩而损害健康进而影响学业则变得舍本逐末,完全违背了活动的初衷。学校最根本的使命是为国家、为社会培养人才,所有的教学实践活动都应该坚守以人为本的原则,这是校园体育竞赛活动改革发展的基本方向。

（二）多元与和谐的发展观

与职业竞技体育竞赛不同的是,学校体育竞赛不应简单地复制职业体育竞赛的模式和内容,而应该强调自身的多元化特征,它包括教育性、娱乐性、竞技性、知识性等。学校体育竞赛打破了竞技体育"高、精、尖"的束缚,运动条件一般的学生也能参与学校的体育竞赛,目的就在于鼓励学生积极参与、大胆体验,自由地感受体育运动带来的快乐。因此,未来的学校体育竞赛活动应把竞技类运动项目仅作为竞赛活动的一部分,还要增加带有娱乐性、知识性、娱乐性的体育竞赛项目,丰富竞赛的形式和内容,使其更符合多元化发展的要求。

第四节　校园竞技体育后备人才培养

一、国外竞技体育后备人才培养

（一）美国的职业竞技体育直通车

在自由教育理念与职业体育价值观的共同影响下,美国的竞技体育人才培养模式已经相当成熟。从小学开始,体育就是教学内容的重要组成部分,以非常专业的标准和要求培养学生,因此优秀的中学生运动员、大学生运动员层出不穷,从而使美国的竞技体育处于世界领先水平。它的发展拥有雄厚的后备人才基础。总之,美国的校园体育直接通往职业竞技体育,具有高度市场化的特点,有很多大学运动队具有世界一流的水平。可以说,美国竞技体育后备人才力量雄厚,全部是由高校的竞技体育系统发现和培养的。因此,美国的体育人才普遍具有较高的文化水平,这在整体上保证了美国竞技体育强劲、持续且稳定的发展态势。

（二）俄罗斯的业余体校模式

俄罗斯的竞技体育后备人才培养主要依靠各种形式的儿童、青少年体育运动学校,然后再将最高水平的运动员集中组成国家队进行职业训练。体校是俄罗斯校外业余训练的基层形式。以"青少年竞技运动学校、奥林匹克后备力量学校、竞技运动职业网络学校、高水平运动技术学校和国家训练基地"为培养路径,为俄罗斯提供竞技体育后备力量。

(三)澳大利亚的社区俱乐部

澳大利亚的竞技体育后备人才培养主要采用政府与社会相结合的形式。澳大利亚的竞技体育有着广泛的群众基础。社区的体育俱乐部发挥着重要的作用,它们是澳大利亚的体育基础,社区的体育俱乐部着重培养青少年对体育的兴趣,养成从小就参加体育运动的习惯。在这一过程中,表现出过人体育天赋的孩子会被作为竞技后备人才而重点培养。

(四)日本体育教育相当发达

日本主要通过学校和企业俱乐部合作共同培养竞技后备人才。日本政府历来重视体育事业的发展和规划,在教育系统内对体育教学有严格的规定,社会文化中也有重视体育运动的传统。因此,无论是中小学还是大学都发展出了十分成熟的竞技后备人才培养体系,可以说各级学校都是日本培养奥运选手的摇篮。日本学校俱乐部成员都要交纳会员费,再加上社会企业的赞助以及政府补贴,这些都为学校体育训练和比赛提供了资金保障。

(五)德国的全民运动传统

德国政府对运动员的培养不承担责任,国家主要负责体育设施的建设,而民间的各种协会和俱乐部发挥着重要的作用。德国人热爱体育运动,可以说体育是德国人生活中不可缺少的一部分。德国的体育人口接近全国人口的一半,而且大多数运动员都是非职业运动员,他们有自己的职业或者学业,平时一边工作、学习,一边在俱乐部进行训练,在重大比赛之前进行集中训练。民间的各种协会和俱乐部非常发达,他们负责筹集经费,组织运动员的训练和比赛并提供各种费用。

二、我国校园竞技体育后备人才培养

就目前来看,我国竞技体育后备人才的培养模式还不够完善,存在着培养目标定位不清晰、培养渠道单一、资源投入与产出失衡、运行机制尚未健全等问题。我们应当努力探索出适合中国国情的竞技体育人才培养模式,尽快改革高校竞技体育人才培养方向,只有这样才能促进我国竞技体育人才的培养,并朝着健康、全面、可持续的方向发展。

(一)转变人才培育观念

当前我国的竞技体育后备人才培养还没有形成成熟的培养模式,各方面还存在着不足。最明显的就是在人才培养上过分强调其功利性和片面性,而忽视了体育的社会性和文化性。我们在培养体育人才时总是以为学校争光、为国家争光为最高使命,却淡化了体育本来的意义,这种落后的人才培养观念严重曲解了教育的根本目的,也过滤掉体育的丰富内涵,简单粗暴地把运动员培养为竞赛的机器,对个人和社会都造成不良影响,并且长远来看,对我国竞技体育事业的发展也带来严重的阻碍。因此,我们必须转变人才观念,加强以人为本的教育思想,促进体育人才的全面发展,真正做到体教结合培养人才。

(二)准确定位培养目标

清晰定位培养目标是人才培养的前提,决定了人才培养的标准和要求,是人才培养的核心,具有导向、调控和规范的作用。高校竞技体育人才的培养要明确两个方向。

首先,以人才的全面发展为根本培养目标。坚决避免仅仅追求高水平运动能力或者运动成绩,要把提高体育人才的综合素质提上日程,保证我国的运动员普遍具有健全的人格、较高的文化素质以及出众的体育运动水平,体育能力不再是衡量优秀运动员的唯一标准。

其次,确立多渠道人才培养目标。打破以往单一的培养方式,以"清华模式""北理工模式"等成功模式为例,鼓励社会力量的参与,发挥体育俱乐部的作用,通过高校、企业、社区等多种机构的密切合作,为运动员的成长和发展提供优质的"土壤条件"。

(三)加快健全培养制度

加强我国体育竞技人才的培养过程中,制度的建设是关键环节,只有在成熟、健全的制度的保障下,人才培养才能够持续长久,只有将人才培养制度化,才能为国家稳定地提供竞技体育人才。因此,应从宏观、中观、微观等不同角度制定相应的培养制度,并不断地完善、加强。体育竞赛体制、高校竞赛制度、教练员培养以及对高水平体育人才的奖学金制度等都需要尽快落实。

（四）全面完善评价机制

对人才培养的评价机制是贯穿竞技体育人才培养过程中的重要环节,发挥着不可替代的作用。通过全面统计、整理和分析人才培养过程中各个方面的重要信息,按照相关的评价标准可以对人才培养的过程和质量进行客观评价,具体的评价要素包括培养目标、培养制度、培养过程、培养效率等。在评价人才培养质量时,可以从多个角度进行。例如,如果从校内的角度进行评价,则侧重高校的人才培养目标的实现程度;如果从社会的角度进行评价,则侧重人才价值是否符合社会的要求;如果从个体的角度进行评价,则侧重个人自我价值实现是否得到最大发展,是否发挥出人才的比较优势等。总之,要充分发挥评价机制以及评估手段,使用科学方法对人才培养进行全面的评价将有助于今后的体育人才培养效率的不断提高,以及保证整个社会的人才培养体系的建设。

第六章

新时期校园民族传统体育文化的建设与发展

　　高校校园体育文化既有体育文化的共性,也有自身的特殊性,同样,民族传统体育文化既有文化的共性,又有自身的特性。民族传统体育文化的地域性、民族性、娱乐性、传承性等特性为其进入高校奠定了良好的基础。将民族传统体育文化引进高校,加强高校校园民族传统体育文化建设,对丰富高校体育课程内容、培育大学生的人文素质及促进民族传统体育文化的传承具有重要意义。高校必须充分肯定民族传统体育文化在校园体育文化中的重要地位,挖掘民族传统体育文化的教育价值,重视民族传统体育教学及其文化建设,实现多重目标。本章就重点研究新时期高校校园民族传统体育文化的建设与发展,首先阐述校园民族传统体育文化的基本理论知识,然后着重研究高校民族传统体育教学体系建设与发展、民族传统体育文化的校园传承以及文化软实力视角下高校民族传统体育文化的发展策略。通过该研究,一方面完善民族传统体育文化传承与发展的教育路径,另一方面促进高校校园体育文化的繁荣发展。

第一节　校园民族传统体育文化概述

一、校园民族传统体育文化的概念

　　校园民族传统体育是在校园内开展的富有民族传统特色的体育教

育内容,旨在弘扬民族文化,健全学校体育文化,使学生掌握民族传统体育知识、技能,培养全面发展的人才。

校园民族传统体育文化是校园内所呈现的一种特定的民族传统体育文化氛围,是以校园为空间,以师生参与为主体,以身体练习为手段,以丰富多彩的民族传统体育项目为主要内容,以民族体育精神为主要特征的一种群体文化。

也有学者指出,校园民族传统体育文化是学校以培养全面发展的人为目标,一切通过中华民族创造出的传统体育文化,作用于身体教育活动和社会文化活动的事物和方法。[1] 这个概念是对校园民族传统体育文化的抽象把握。

二、校园民族传统体育文化的特征

（一）意识特征

民族传统体育文化是从中华民族传统文化的肥沃土壤中孕育出来的,其民族意识非常鲜明,主要表现在民族传统体育的场地器材、项目内容与形式中。丰富多样的民族传统体育的内容与形式不仅显现了博大精深的中华民族传统文化,也体现了深厚的民族情感。鉴于此,在校园民族传统体育文化建设中要保持项目的原本风貌,突出民族意识。

民族传统体育项目充满特色和个性,深刻的民族文化成分蕴含其中,要理解民族传统体育项目的深刻含义,就要先对其中蕴含的民族文化的历史背景有深入的了解。在民族传统体育教学中,应在技术教学过程中融入民族传统文化知识,将民族文化背后的历史故事、传闻轶事讲给学生听,使学生树立民族意识。

学校的体育场馆、体育器材设备等作为民族传统体育文化的物化标志,是民族传统体育文化内涵最直接的反映,深入剖析这些物质,能够对民族传统体育蕴含的民族文化内涵有深刻的理解。

（二）地域特征

不同地域孕育的民族文化是存在一定差异的,这种差异造就了民族

---

[1] 刘轶.我国学校民族传统体育发展路径研究 以文化软实力为视角[M].武汉:湖北人民出版社，2013.

传统体育文化的地域性、民族性、相对性等特征。正因为不同地区的民族传统体育文化存在差异,所以在学校民族传统体育教学中要改变"大一统"的单一教学模式,应贯彻区别对待的教学原则,突出不同地域民族传统体育文化的特性。

各民族地区的人相对来说更熟悉本民族的传统体育文化,在学校引进本土民族传统体育项目,更能够吸引学生参与的积极性,保证教学的规范性,获得良好的教学效果。民族传统体育文化是丰富多彩的,学生不仅对本土民族传统体育耳熟能详,对其他地区的民族传统体育文化也充满好奇心与求知欲,因此也要在学校适当引进其他地区的新颖有趣的传统体育项目,进行跨区域教学和传播,促进各地民族传统体育文化和地域文化的交流,共享文明成果。

(三)娱乐特征

娱乐是民族传统体育文化发展中非常重要的一项因素,民族传统体育文化的起源、成长、演进以及不断成熟都离不开娱乐这个重要支点,甚至一些存在激烈竞争的民族传统体育项目也不乏娱乐性。如果民族传统体育文化没有了娱乐元素,那么将黯然失色。在校园民族传统体育文化建设中必须保持民族传统体育本身的娱乐性,不管是民族传统体育教学还是课外活动,都可以采取生动有趣的娱乐方式来实施,这有助于培养学生的积极性,提升学生参与的自主性。新时期素质教育和终身体育的教育理念都要求在民族传统体育教学中保留其娱乐成分,促进学生身心健康和精神愉悦。

(四)群体特征

很多民族传统体育项目都具有群体性,南方地区流行的民族传统体育项目的群体性更突出。人类社会本身就具有群体特征,所以民族传统体育的发展离不开群体这个重要支柱。其实不管是民族传统体育的个人项目,还是集体项目,将它们引进学校作为体育教学内容或课外体育活动后,大部分是以群体的方式呈现出来的,这促进了民族传统体育文化在校园的普及和传播,而且学生参与群体性活动也有助于锻炼社交能力,培养协作能力。

三、校园民族传统体育的文化内涵

（一）文化结构"四层次"是校园民族传统体育文化的基本内容

参照文化结构来分解作为文化现象的校园民族传统体育,可从文化结构的"四层次说"进行分解,即文化结构包含四个层次,分别是物质、制度、风俗习惯以及思想与价值,校园民族传统体育文化同样包含这四个层次的内容,分析如下。

1.物质层

校园民族传统体育场地、器材等物质设施是校园民族传统体育文化发展的基本条件和基础保障。

2.制度层

在校园民族传统体育文化的建设中,对制度层内容有更加严格和规范的要求。因为校园民族传统体育教学的主要目标是对优秀人才进行有组织、有计划地培养。

3.风俗习惯层

民族传统体育文化的形成与发展与不同地域和民族的风俗习惯密不可分,风俗习惯在学校民族传统体育教育中也有重要意义。要深刻理解民族传统体育的文化内涵,就必须了解民族传统体育形成过程中与风俗习惯的交织和联系。

4.思想价值层

青少年学生处于成长阶段,以学习为主要任务,对于思想和意识还没有完全成熟的学生来说,更愿意主动享受文化精神,在思想价值的传递方面较为被动,而随着学校育人理念的更新和优化,思想价值层面的教育内容越来越重要,因此在校园民族传统体育文化建设中不能忽视思想价值层面的深刻教育。

以上四个方面是校园民族传统体育文化内在结构的理论基础,它们紧密联系,相互影响,缺一不可。

（二）教育形式是校园民族传统体育文化的外在表现

校园民族传统体育最大的特征是教育性，教育性也是校园民族传统体育与其他语境下民族传统体育的最大区别。由劳动人民创造的民族传统体育拥有巨大的教育价值，对其内在教育价值进行深入挖掘，在学校体育课程教学中充分发挥民族传统体育的教育价值，对培养人才具有重要意义。校园民族传统体育文化活动总是以教育形式出现，最主要的是体育课程教育，具体表现为民族传统体育课程目标的制定、内容的选择、方法的运用、评价方式的确定等诸多方面。

（三）民族文化选择是校园民族传统体育文化的发展方向

"真""善""美"的品质历来都是中华民族传统文化的重要追求，这充分体现了中华民族传统文化的本质与核心，体现了其选择心理的倾向性。中华民族传统文化历经几千年的历史而长久不衰，逐代传承，与其所拥有的"真""善""美"的品质是密不可分的。要在校园更好地传播与传承民族传统体育文化，就要抓住民族传统体育文化的"真""善""美"特质，培养学生良好的思维方式和正确的价值观念，培养拥有"真""善""美"品质的人才。为了使学生能够更好地理解民族传统体育文化，应在民族传统体育教育中按照"体育文化→民族心理→审美倾向→价值观念"的逻辑关系对学生加以引导。

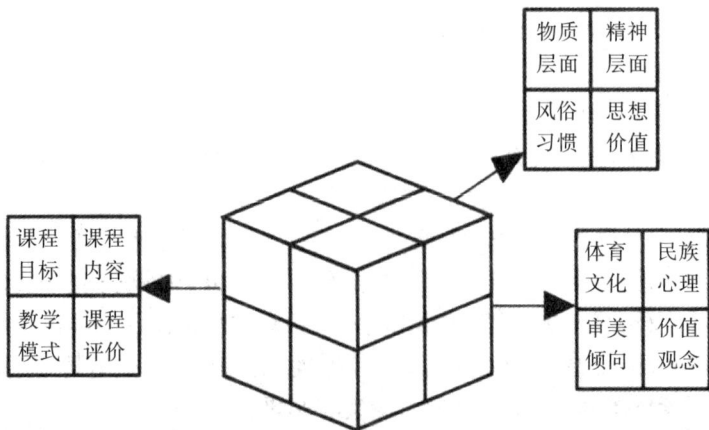

图6-1 学校民族传统体育文化内涵示意图[①]

---

① 刘轶.我国学校民族传统体育发展路径研究 以文化软实力为视角[M].武汉：湖北人民出版社，2013.

综上分析,我们可以用一个魔方图来直观呈现校园民族传统体育的文化内涵,如图 6-1 所示。校园民族传统体育文化内涵中,每个部分就像魔术方块中的一个模块,不同的模块既相互独立,又相互关联、融合,构成了统一的民族传统体育文化。

第二节　校园民族传统体育教学体系建设与发展

一、高校民族传统体育教学原则

(一)地域性原则

我国民族传统体育文化具有鲜明的地域性特点,这就要求不同高校要根据本地区或本校的实际情况来因地制宜地开展民族传统体育教学工作。在具体教学安排中,将本土的特色化民族传统体育项目设为重点教学内容,以充分发挥本地师资力量的作用,传承及弘扬本地民族传统文化,进而形成独具特色的民族传统体育教学新格局。

条件允许时,还可以在本地民族传统体育项目的基础上不断拓展与延伸,丰富民族传统体育教学内容,使大学生掌握更多的民族传统体育知识与技能。

(二)形式多样原则

我国民族传统体育项目丰富多样,高校开展民族传统体育课程教学有很大的选择空间与余地。在具体安排教学内容时,教师应整体了解大学生的兴趣爱好、运动基础、技能特点等实际情况,从而以多样化的形式给大学生呈现民族传统体育教学内容,激发大学生的学习兴趣和积极性,引导大学生的正确学习方向。即使是单一的民族传统体育教学内容,教师也可以采取多样化的形式予以实施,这样大学生才会产生学习的兴趣,才会积极主动地参与其中。在某个传统体育项目的具体教学中,可先向大学生介绍该项目的起源发展、特点价值、文化内涵等基本知识,然后传授技术,并且可以教一些同类技术,从而丰富大学生的认知,提高其技能水平。高校也可以设置民族传统体育选修课,让大学生根据自己的情况选择学习内容,实施个性化教学,满足不同大学生的需求。

在民族传统体育教学中,教师采用的教学方式普遍都是常规类的方式,比较单一,容易令人产生枯燥感。对此,高校体育教师应适当采用一些现代化教学手段来吸引大学生的注意力,提高大学生学习的积极性。如可以将多媒体技术引入课堂教学中,利用多媒体教学手段实现教学目标,同时也能减轻教师的工作负担。

（三）拓展创新原则

民族传统体育之所以能够代代延续,经久不衰,主要与其在发展历程中不断拓展与创新有关,所以高校开展民族传统体育教学,构建民族传统体育学科理论体系,也应该严格贯彻拓展创新的原则。现阶段,我国民族传统体育很多项目都实现了不同程度的创新,有力推动了民族传统体育文化的繁荣与国际化传播。

在高校民族传统体育教学中,如果将民族传统体育项目的原始形态生硬地引入课堂,可能会发现这是不适合作为教学内容的,但如果适当改造与创新,就可能会变成重点教学内容。在改造与创新过程中,要保留民族传统体育的原有风格特点,经过革新,要使其更加科学与规范,更加符合大学生的身心特点。适当改造与创新民族传统体育项目不但有利于顺利开展民族传统体育教学工作,还能促进民族传统体育在高校的传承,使其更好地适应时代要求,实现可持续发展。

（四）培养骨干原则

当前,我国民族传统体育人才紧缺,高层次骨干人才更是寥寥无几,这严重制约了民族传统体育文化的发展。高校是培养人才的主要阵地,高校在开展民族传统体育教学的过程中应主动承担起培养民族传统体育骨干人才的重任。

高校要培养民族传统体育骨干人才,就应全面系统地向大学生传授民族传统体育知识、技能,实施全面教育,使大学生深刻感受民族传统体育文化的博大精深,激发其传承民族文化的使命感。同时,高校还要从大学生的具体情况出发,重点挖掘与培养大学生在民族传统体育方面的技术特长,培养具体项目的专业人才。高校在培养民族传统体育人才方面肩负重任,为了完成人才培养的使命,高校应根据自身办学条件而开设民族传统体育专业,树立办学新思想与新理念,科学而系统地培养满足社会发展需求的民族传统体育骨干人才。

高校培养民族传统体育人才,不仅要使大学生掌握理论知识、专项技能,还要重点培养其传播能力,使大学生发挥自身在传播与传承民族传统体育文化方面的重要作用与价值。这一点很容易被高校忽视,一味强调技能教学而忽视传播能力培养的问题普遍存在,这是很多民族传统体育专业的毕业生难以发挥自身价值的主要原因之一。对此,高校必须重视对民族传统体育专业大学生传播能力的培养。

二、高校民族传统体育教学内容

(一)常见教学内容

高校民族传统体育专业的主要专业课程包括武术、中国式摔跤、民间体育以及民族传统体育养生法等。随着民族传统体育专业的不断成熟,该专业逐渐引进一些介绍性的民族传统体育项目,如民族球类、射箭等,此外,有些体育院校的民族传统体育专业还开设其他国家的民族传统体育项目,如柔道、跆拳道、卡巴迪等。

高校民族传统体育专业开设的各项课程都有自身的独特性,如最常见的武术课程主要内容包括武术套路和武术散打。其中武术套路主要突出其表演性和观赏性,在教学中既锻炼学生的体能,又培养学生的技能,每个招式都有自己的独特内涵,而且与基本功紧密联系,既有观赏价值,又有实用价值。武术课程的实用性突出体现在套路与散打的结合中。

散打作为武术技击的主要项目之一,具有明显的对抗性,在双方对抗中既要打击对手,又要做好自我保护,兼具体能、技能、抗打能力于一身,对全面锻炼与培养学生具有重要意义。

世界上很多国家和地区都有自己独特的摔跤运动项目,我国高校民族传统体育专业开设的摔跤课程主要是中国式摔跤,摔跤规则是根据中华民族的习惯而制定的,并在长期的比赛实践中不断完善。中国式摔跤深受大学生尤其是少数民族地区的大学生的喜爱。

总之,我国高校民族传统体育专业的课程内容比较丰富,不同课程各具特点,在长期的教学实践中形成了较为完整和健全的课程内容体系,对培养民族传统体育人才起到了重要的作用。

(二)教学内容与项目的拓展

我国高校尤其是体育院校的民族传统体育专业开设的课程主要涉及武术套路、武术散打、中国式摔跤等项目,个别体育院校有自己的特色课程。这些内容虽然对培养民族传统体育人才起到了重要的作用,但相对于丰富多彩的民族传统体育项目来说,这些教学内容还是显得比较单一,一定程度上使大学生的视野受到限制。对此,高校应从自身办学条件、地域特征、学生兴趣爱好等实际情况出发而适当增设相关项目,拓展大学生的视野,使大学生掌握更多的民族传统体育知识和技能,以便更好地传承民族传统体育文化。

可作为拓展项目而引进高校民族传统体育教学中的内容见表 6-1。高校可结合多方面情况来从中选择拓展项目,从而满足民族传统体育专业大学生发展的需要。

表 6-1 民族传统体育教育拓展项目[①]

大类	亚类	项目
健身类	太极	健身太极拳
		健身太极剑
		健身太极球
		健身太极扇
		健身太极棒
	健舞	敦煌拳舞
		木兰扇舞
		木兰拳舞
		木兰剑舞
养生类	导引	五禽戏
		易筋经
		八段锦
		清导引养生经
		养生方导引法
		马王堆导引图
		补养宣导法
		赤松子导引法
		陶弘景导引按摩法
		类孙思邈导引法
		陈希夷二十四气坐功

① 杨建成.民族传统体育发展研究 [M].南京: 河海大学出版社,2015.

大类	亚类	项目
技击类	拳类	太极拳
		少林拳
		形意拳
		八卦掌
		长拳
		查拳
		翻子拳
		六合拳
		螳螂拳
		绵意拳
	器械	单器械
		双器械
		软器械
		勾击类
		刺击类
		砸击类
		劈击类
		护体类
娱乐类	球戏	蹴鞠
		击鞠
		柔力球
		珍珠球
		马球
	舞戏	舞龙
		舞狮
		跳竹竿
		摇旱船
		跳铜鼓
	舟戏	划龙舟
		龙舟竞渡
		赛独木舟

续表

大类	亚类	项目
娱乐类	水戏	潜水
		游泳
		游水捉鸭
	冰雪戏	滑雪
		滑冰
		打冰嘎
	棋戏	围棋
		象棋
	其他	抢花炮
		秋千
		拔河
		风筝
		踢毽子
		打陀螺
		跳绳

　　拓展高校民族传统体育专业的教学内容非常重要且必要。民族传统体育项目非常多,民族传统体育专业目前开展的项目只是冰山一角,而且现已开展的项目中,只有武术课程体系较为完整,而民族民间体育、传统体育养生等专业方向的教学内容极为单一,不够丰富。所以,高校要立足民族传统体育专业的发展方向而对课程内容进行拓展、更新与完善,从民族传统体育的项目宝库中提取较为成熟的、大学生喜闻乐见的优秀项目补充到民族传统体育专业课程体系中,以更好地实现民族传统体育专业的教学目标和人才培养目标。

三、高校民族传统体育教学方式

（一）竞技教学方式

　　对于体育运动来说,竞技是灵魂,竞争是精髓,二者缺一不可。社会发展同样离不开竞争,竞争是社会发展的重要动力和社会文明进步的关键能量。民族传统体育中的竞技成分是很明显的,不管是个体项目,还是集体项目,竞争、竞技都是客观存在的,正因为有竞技,有竞争,民族传统体育才有了发展的动力。在高校民族传统体育教学中,对民族传统体育的竞技成分和竞争因素进行高度提炼和深入挖掘,有助于培养大学生的竞技运动水平,塑造大学生的体育精神,并为促进高校民族传统体育的发展而源源不断地提供新的动力。

鉴于竞技、竞争对民族传统体育发展的重要意义,在高校民族传统体育教学中应注重对竞技教学方式的采用,突出民族传统体育的竞技性,引导学生以竞技的方式进行民族传统体育分解技术和完整技术的练习,不能将竞技教学方式只寄托在教学比赛中,而应体现在教学训练的各个方面,从而对大学生的公平竞争意识和竞争能力进行培养。

需要注意的是,我们强调竞争的重要性,并非是让大学生在民族传统体育学练中相互搏杀,而是使大学生在公平公正或相互协作的基础上将自身实力和潜力充分展现出来。在集体类民族传统体育项目教学中强调在协调配合的基础上共同竞争,杜绝个人英雄主义和投机主义。

体育规则严明、严谨,对体育人的行为有强大的约束性和引导性,这是保证体育竞争公平公正和平稳进行的关键。民族传统体育规则反映了社会文化和民族文化的规范性和方向性。采用竞技教学方式来进行民族传统体育教学,有助于培养大学生尊重社会规则、遵守社会规范的正确意识和良好行为习惯。

(二)娱乐教学方式

机械式的民族传统体育教学方式在实践应用中无法吸引大学生的注意力,容易使大学生产生厌烦情绪,甚至产生抵触心理,而运用娱乐教学方式可以弥补传统教学方式的不足,重新调动大学生的学习兴趣,激发其参与热情。

在高校民族传统体育教学中采用娱乐教学方式时,专业教师要事先分析教材内容,从中进行"娱乐因子"的提炼与划分,根据不同教学对象的特征而采取不同的形式来表达与呈现这些因子,从而使大学生产生积极的情绪体验。教师逐一呈现各个"娱乐因子"后,最后将它们联合成整体的"娱乐框架",给大学生带来更好的学习体验。

高校体育教师运用娱乐教学方式进行民族传统体育教学时,不仅要做好分析教材内容和划分娱乐因子的准备,还要做好基础教学设施的准备,充分发挥已有物质设施的道具作用,达到良好的"舞台"效果,从而更好地发挥娱乐教学方式的功能,达到理想的教学效果。

需要说明的是,在高校民族传统体育教学中采用娱乐教学方式并不是毫无原则地讨好教学对象,而是将娱乐元素融入系统而规范的教学中,使大学生通过努力既掌握了教学内容,又陶冶了情操,提高了审美素养,或者说是大学生在享受学习的过程中获得更多的收获,实现更多元的教学目标。注意在采用娱乐教学方式时,必须将民族传统文化的精髓深深融入教材内容中,使大学生既掌握了传统体育技能,又掌握了民族文化的精髓。

（三）游戏教学方式

民族传统体育富含游戏元素,游戏深受大学生的喜爱,因此挖掘民族传统体育中的游戏成分,采用游戏教学方式来授课,更能激发大学生的学习积极性。民族传统体育起源于古老的历史中,距离大学生的生活非常遥远,所以对很多大学生来说民族传统体育是枯燥的,他们对民族传统体育课程的兴趣并不高,学习时比较机械、被动,而采用游戏教学方式能够使教学内容生动活泼,调动学生学习和探索的欲望,使学生主动学习,积极互动,活跃课堂氛围,提升课堂教学效果。

在高校民族传统体育教学中,应在大学生基本掌握了教学内容的基础上再运用游戏教学方式,而且要把握好对这种教学方式的运用次数,并非用得越多越好,教师要从教材内容、教学对象实际情况等多方面出发而以游戏的方式恰到好处地呈现教学内容,激发学生的学习热情,使其进一步掌握教学内容,巩固学习成果。

有些大学生不熟悉民族传统体育,这种陌生感使其在学习中有所顾虑,并不由得产生了害怕、紧张等不良情绪,游戏教学方式拉近了大学生与民族传统体育教学内容之间的距离,使大学生慢慢熟悉民族传统体育,减少陌生感,增加亲切感,从而消除顾虑,克服不良情绪,积极投入学习,产生愉快的参与体验。

四、高校民族传统体育教学的发展

（一）以文化自觉引领高校民族传统体育教学改革

西方体育文化的主流和典型代表是奥林匹克竞技体育文化,西方主流体育文化在世界体育文化中居于主导地位,对中华民族传统体育文化造成了一定的冲击。高校校园体育文化也是以西方竞技体育文化为主，民族传统体育文化被忽视，因此民族传统体育教学也没有受到很高的重视，在普通高校民族传统体育课程有被边缘化的倾向。要对这个问题进行根本上的解决，那么实现对民族传统文化的文化自觉是第一任务。

在高校民族传统体育教学中要确立文化导向型原则，以民族传统体育独特的文化价值培养人、教育人，增强大学生的民族自豪感，以文化自觉引领教学改革，在教学中树立文化自信，推陈出新，对民族传统文化批判地继承，取其精华，同现代元素、外国文化元素适当结合，使我国民族传统体育打破藩篱，实现更广泛的传播与推广。[①]

（二）灵活运用"线上＋线下"混合教学模式

高校民族传统体育教学中经常采用的课堂教学方式就是线下教学，依托互联网技术而进行直播教学或录播教学的方式就是线上教学。线上教学打破了时空的限制，随着互联网技术的发展而越来越普及，已经成为高校教育中非常重要的教学方式之一。线上教学和线下教学的结合可以达到互补的功效，从而促进高校民族传统体育教学效果的提升。

线上教学中运用较多的主要是微课教学，将微课教学引入高校民族传统体育教学中具有重要意义。专业教师设计好微课视频后在网络学习平台发布视频，学生通过翻转课堂的方式自主学习，逐渐了解民族传统体育，理解并掌握相关知识，建立正确的运动表象。学生在课前反复观看教学视频后，总结自己学到了什么，还存在哪些疑惑，从而在课堂教学中有针对性地与同学或教师沟通、交流，重点解决自己的学习难题。课后学生依然需要反复观看微课教学视频，以实现知识的内化，巩固学习成果，延长记忆，并养成良好的课后复习的习惯。

（三）培育优秀的师资队伍

高校民族传统体育教学的发展离不开优秀的专业师资队伍，这是非常重要的保障性因素。授课教师的专业素养直接决定民族传统体育课程教学的质量。如果授课教师并没有深入掌握中华民族传统体育文化知识，对民族传统体育的了解不够系统、全面，则很难做好教学工作，也

---

① 吴昊."互联网＋"背景下高校民族传统体育教学改革研究[J].教育理论与实践，2021，41（24）：58-60.

难以培养出优秀的民族传统体育人才。对此,高校要特别重视对优秀民族传统体育师资队伍的专门培养和培训,努力培养一支专业性强、综合素质高的专门化、职业化教师队伍,使其在高校民族传统体育文化建设中充分发挥自身专业优势和影响力,不断健全与完善高校校园民族传统体育文化体系。

在优秀教师队伍培养方面,可以将现代化信息手段充分利用起来,结合时代背景和社会需求去培养新时代的优秀教师人才,使专业民族传统体育教师既有深厚的文化底蕴,又有丰富的专业知识和高超的专业技能,同时要具备一定的双语教学能力,以促进高校民族传统体育文化的国际化传播。创新能力也是专业教师必不可少的素质,只有创新意识强、创新素养高的教师才能不断创造新的教学方法来丰富课堂教学,提高教学质量。

第三节　民族传统体育文化的校园传承

高等院校是社会的重要组成部分,它的存在必然离不开时代文化背景和民族文化背景。高校校园文化是一种社会亚文化形态,是社会大文化的缩影,包括丰富的物质文化、深刻的精神文化和规范的制度文化。民族传统体育具有民族特色和地域特色,感召力和吸引力都很强,传承价值也高,将其引进高校,开展民族传统体育课程教学和课外活动,推动民族传统体育文化的校园传承,有助于使大学生在潜移默化中理解民族文化,建立民族意识,掌握民族文化内涵,促进民族文化交流与传播,摄取民族文化价值,全面体验人生意蕴,健全人格,实现全面发展。高校校园文化影响着大学生的发展,大学生的素质同样影响着高校校园环境的建设和优化。大学生在民族传统体育文化的感染和熏陶下不断成长、成才,反过来又会推动高校校园民族传统体育文化的建设,促进民族传统体育文化的传播与传承。将民族传统体育引进高校进行活态传承是民族传统体育文化传承的重要路径之一,我们必须从学术视角、专业立场等方面出发来理性地思考民族传统体育文化在高校的活态传承,通过专业传承而推动中华民族传统体育文化的繁荣发展。下面主要从物质层面和非物质层面两个方面来探讨民族传统体育文化在高校校园的活态传承。

一、民族传统体育文化在高校校园物质层面的活态传承

（一）加强硬件设施建设

民族传统体育运动虽然对场地器材的要求不高，但如果缺乏必要的场地器材，将对民族传统体育活动的开展造成严重制约。所以，高校应在民族传统体育场地器材等基础设施建设上加大投入力度，对现有场地器材设施进行高效地多元化利用，为丰富多彩的校园民族传统体育活动的顺利开展提供基础保障。

（二）健全民族传统体育教材体系

民族传统体育教材应该突出中华民族特色，在教材编写过程中应该对丰富的民族体育资源进行收集、整理、筛选，择优选用，以不断丰富与完善教材内容。在具体教学项目的选用上，要考虑适用性、实用性，提炼精华，精选既有广度又有深度的教材内容。

（三）加强师资队伍建设

教师是民族传统体育教学活动的执行者，是校园民族传统体育文化的主要传播者，因此要重视对专业教师的培养，使高校民族传统体育教师对传统体育文化内涵、技术原理、技能动作等都有准确的把握和理解，然后再由他们向大学生传播民族传统体育文化，促进民族传统体育文化校园传承队伍的扩大，为民族传统体育进一步融入高校校园文化提供基石。

二、民族传统体育文化在高校校园非物质层面的活态传承

（一）在体育课程设置方面摆脱西方模式的束缚

我国高校体育课程建设中，体育项目以西方竞技体育为主，而且体育教学模式也多参考西方体育教学模式，奥林匹克项目如田径、篮球、体操等项目在高校体育课程中占主导，而我国民族传统体育课程开设较少，一些优秀的、有特色的民族民间体育项目被忽视。要推动民族传统

体育文化在高校的传承,就必须勇敢地将西方体育模式的束缚摆脱,将具有民族性、多样性、实用性的民族民间体育项目充实到高校体育课程体系中,不断丰富与完善高校体育教学内容,促进民族传统文化的传播与传承。需要注意的是,我们摆脱西方竞技体育模式的束缚,并非完全摒弃西方体育项目,而应适当留些空间给传统体育项目,保证高校体育课程体系中既有西方竞技体育项目,又有中华民族传统体育项目,走民族体育与现代化体育相结合的发展道路,使中华民族传统体育文化在与西方竞技体育文化的碰撞中彰显自身的独特魅力,并在东西方文化的交融中走向繁荣发展。

(二)提高民族传统体育文化自信心

中华民族传统体育文化是非常宝贵的民族文化财富,每个历史悠久的民族传统体育项目中都深深印上了传统文化和历史的印记,它们在中国民间土壤中深深扎根,历经几千年的历史而风雨无阻地向前进,生命力极其顽强,令人钦佩和赞叹,这些历史悠久的民族传统体育对培养国人的民族意识和民族文化认同感具有重要意义。西方竞技体育文化在我国的传播严重影响了民族传统体育文化的地位,也导致人民群众对此逐渐失去信心。在这种情况下要推动民族传统体育文化的传承,必须重拾自信,增强大学生对中华民族文化、民族传统体育文化的自信心,为民族传统体育的校园传承提供内心层面的原动力。

(三)健全政府组织机构,加强管理

当前,我国民族传统体育文化的传承和发展尚未受到政府部门的高度重视,政府在这方面缺乏扶持、监督和管理,导致民族传统体育相关组织开展活动时流于表面形式,缺乏有力措施,从而制约了民族传统体育进入高校的步伐,也制约了高校民族传统体育文化的传承与发展。对此,政府职能部门应该大力扶持民族传统体育,加大扶持力度,加强监管,采取有力措施为推动民族传统体育顺利稳步地走进高校而提供保障,促进民族传统体育文化在高校校园的活态传承。

第四节　文化软实力视角下校园民族传统 体育文化的科学发展之路

一、文化软实力的解释

（一）软实力

软实力的概念最早是 20 世纪 90 年代由美国哈佛大学肯尼迪政府学院前院长约瑟夫·奈提出的,他将软实力的概念界定为一种通过文化与意识形态的感召力及吸引他人的能力。它具体表现在国际事务中,就是一个国家能够通过自身文化、意识形态、社会制度等方面的吸引力而非强制力,使别国追随其政策、仰慕其价值观、学习其发展过程。随着全球化进程的加快和世界多极化格局的形成,软实力作为综合国力的重要组成部分在国际竞争中起到极其重要的作用。

（二）文化软实力与体育文化软实力

文化软实力是建立在文化资源基础上形成的软实力,在综合国力和国家软实力中占据非常重要的位置。软实力和文化软实力都是以文化为研究对象的,所以二者的内涵与内容基本相同。

体育文化软实力是指一个国家的体育价值观、体育发展模式、体育制度以及民族传统体育文化等文化因素对国内发挥的引导、凝聚、动员等功能,对国际产生的渗透、吸引和说服等力量,是国家体育实力和国家文化软实力的重要方面及重要组成部分。[1] 体育文化软实力的概念中表明了体育文化软实力的基本功能与作用,包括对国内发挥的功能和对国际产生的力量,在此基础上形成了体育文化软实力的作用机制,如图 6-2 所示。

---

[1] "提升我国体育文化软实力核心问题研究"课题组 . 中国体育文化软实力及其提升 [M]. 北京: 科学出版社,2015.

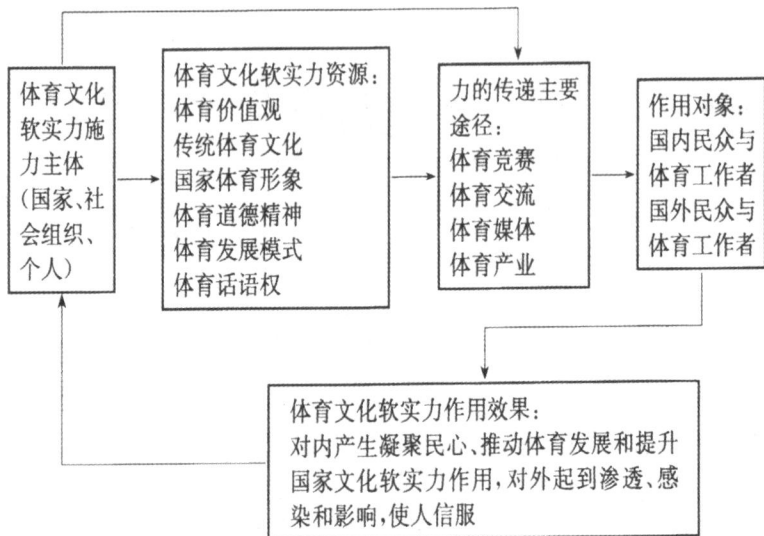

图 6-2　体育文化软实力的作用机制①

二、文化软实力视角下高校民族传统体育文化的发展策略

高校民族传统体育的发展有助于增强我国文化软实力的竞争力,具体表现为两个方面,一是成为文化软实力的竞争载体,二是为文化软实力竞争提供平台。鉴于高校民族传统体育对提升我国文化软实力的重要性,在文化软实力背景下探讨高校民族传统体育文化的建设与发展具有重要意义。

（一）以文化为课程内核,开发"民族传统体育"独立课程

普通高校的民族传统体育是作为体育课程中的一部分教学内容而存在的,很少有专门独立的民族传统体育课程。这种情况下很难保障民族传统体育教学的课时、场地及师资,也影响了高校民族传统体育文化的建设与发展。所以,在文化软实力背景下应根据学校条件而尽可能开发独立的民族传统体育课程,这对促进民族传统体育文化的校园传承与发展具有重要意义。

---

① "提升我国体育文化软实力核心问题研究"课题组. 中国体育文化软实力及其提升 [M]. 北京：科学出版社, 2015.

（二）与教育政策全面接轨，提升高校民族传统体育执行力

我国教育政策是以人民利益为出发点，依据不同时期历史使命，制定教育发展目标、任务和行动准则。中华民族自古以来就以教育为重，但在教育政策方面面临教育政策的缺席、教育政策的无能两大问题，对于尚处于起步阶段的高校民族传统体育来说，解决好这两大政策问题特别关键，必须做到将实践与政策全面接轨，增强高校民族传统体育的执行力。

（三）大力改革，改善高校民族传统体育文化环境

文化环境是文化发展的土壤。当前高校民族传统体育文化建设与发展受阻，与其所处的贫瘠文化环境有关。要改善高校民族传统体育文化环境，首先需要保持开放的姿态，构建多元化民族传统体育文化体系，并实现特色化发展。其次，要建立终身化的改革方向，加强民族传统体育项目选择的系统性、连贯性，采用螺旋上升式教育理念循序渐进地完善高校校园民族传统体育文化。

第七章

新时期体育精神

体育精神是体育的灵魂,无论哪个国家,也无论是什么历史时期,发展体育事业离不开对体育精神的建设和发展。在新时期背景下,世界各国及各民族都在积极将本民族文化向世界各地推广与传播,并在传播民族文化的同时对本民族的精神进行弘扬和发展,以提升民族凝聚力和国际认同感。中华民族传统体育精神具有普世的体育精神和独特的文化价值,对促进传统体育的传承与发展具有重要意义。知己知彼才能百战不殆,在弘扬中华传统体育精神的时候,我们需要对西方竞技体育精神做到充分的了解。因此,本章将从奥林匹克精神的含义、中华体育精神、中西方体育精神的差异和新时期中华体育精神的弘扬四个角度进行分析,为弘扬中华传统体育精神、发展传统体育产业做好准备。

第一节　奥林匹克精神

一、奥林匹克精神的含义

奥林匹克精神的源头是古希腊文明。古代奥林匹克运动的价值核心是和平、竞争与开拓,对神和自然同样充满敬畏,同时也重视个人的价值。这些价值观念也是现代奥运的核心价值。《奥林匹克宪章》指出,奥林匹克精神是指互相了解、友谊、团结和公平竞争的精神。它是奥林匹克思想体系的重要组成部分,正是由于奥林匹克精神价值使奥林匹克运动会得到持续地发展，并且已经成为当今最负盛名的世界级运动盛会，散发着人文光芒，对促进世界和平起到了重要作用。

二、奥林匹克精神的内容

奥林匹克精神贯穿于古代和现代奥林匹克运动的活动之中，充当着奥林匹克运动精神支柱的地位，并不断推动着奥林匹克运动的发展、创新和超越。奥林匹克精神的主要内容可概括为以下几点。

（一）重在参与精神

重在参与是奥林匹克精神的基本精神，是奥林匹克的第一原则。正如奥林匹克的五环 LOGO 设计，它象征五大洲各个国家、各个民族的人们团结一致，它倡导每个人都有参加运动的可能性，不分肤色、不分种族、不分宗教、不分政见，总之在奥林匹克运动中人人平等。目前，参加奥林匹克运动的国家和地区已超过 200 个，遍及世界的每一个角落，奥林匹克运动会成为世界上最盛大、最广泛的国际体育文化活动。尽管竞技体育的本质属性是竞争，但是重在参与仍然是奥林匹克的首要精神。这是因为，人们响应国际奥委会的号召参加奥运会，除了怀着获得比赛胜利的目标之外，还有更为重要的意义和使命，即人们是为学习与交流而来，为友谊与和平而来，为弘扬奥林匹克精神而来，为共建人类理想社会的目标而来。

（二）不断进取精神

"更快、更高、更强"不仅是奥林匹克精神的一个口号，它也是一种积极的人生哲学，具有普遍的意义。多年来，这句朗朗上口的口号鼓舞了全世界无数的运动员、体育爱好者以及每一个普通人，激励着人们在追求学业、事业和生活中不断进取、顽强奋斗，最终获取胜利、实现目标。

随着现代文明的推进，社会竞争也愈加激烈，人们只有不断进取、不断精进才能适应社会发展的节奏，才不会被过早地淘汰。现代社会，几乎一切成就都是竞争的结果。因此，培养学生的竞争能力和竞争意识是新时期教育不可或缺的内容。这也是体育教育与其他学科教育的不同之处，它具有鲜明的培养学生意志品德的功能。例如，通过体育运动督促学生不断地迎接挑战、克服困难、获得进步与成功,在这一过程中逐渐锻炼了学生的意志品质和强烈的竞争意识,这也是奥林匹克精神所蕴含的教育功能。

(三)公平竞赛精神

公平竞赛既是奥林匹克精神,也是法治社会的基本原则。在奥运的竞技场上人人平等,每个参与者都享受同等的权利、遵守一样的规则,唯一不同的就是各自的运动技能或临场表现。在现代科技手段的辅助下,田径比赛中裁判胜负的准确度可以达到千分之一秒。尽管目前还不能完全避免有些裁判环节中的人为因素,但是现代奥林匹克一直在努力将这种因素控制在最低限度,将公平竞赛的精神贯彻到底。

竞争不仅是竞技体育的特征,竞争也是生物的天性,任何一种生物为了获得生存和进化,其实无时不处于竞争之中。竞争不仅包括与对手一较高下,同时还包括自我超越。这也是现代体育教育的使命之一,通过体育教学努力培养出具有公平竞争意识的新时代人才。

(四)团结友好精神

古代奥运会有神圣休战的传统,即在举办奥运会期间希腊各城邦之间一律停止战争,并且人们相信违抗者会受到神的惩罚。现代奥林匹克精神一样捍卫世界和平,倡导全世界人民彼此了解,相互尊重,因此团结友好是奥林匹克精神的另一个重要内容。团结友好是世界和平的基石,也是奥林匹克永远不变的精神追求。现代奥林匹克之父顾拜旦曾说:"历史是和平最好的守护神。让世界各国人民相互热爱的想法是天真幼稚的,但是让人民相互尊重却并非是乌托邦的幻想。为了互相尊重,人们首先要互相了解。"因此,奥林匹克运动的任务就是促进世界各国人民相互了解、加强交流、增进友谊,最终向着世界和平靠近。

(五)无私奉献精神

奥林匹克的无私奉献精神,是指所有的参加者必须付出艰苦训练的代价,但是只有极少数人才能获得胜利的奖牌,因此,对于绝大多数参与者而言,都需要无私奉献的精神。从运动训练的角度,从最早期的自然训练到后来为了取胜而采取超负荷大运动量训练,直至今天的现代科学训练,无论哪个时期的运动员都付出了超常的努力和奉献,很多人都是付出了自己的全部童年和青春,甚至还包括健康的代价。现代奥林匹克之父顾拜旦的一生也是无私奉献的写照,他本是贵族出身,为了复兴奥林匹克不惜倾家荡产,晚年生活甚为清贫。顾拜旦将毕生的热情奉献给奥林匹克,他有一句名言是:"人生重要的决不是凯旋,而是战斗。"他正是这个信念的践行者,并用自己的一生注解奥林匹克精神,可以说没有无私奉献精神就没有奥林匹克。

三、奥林匹克精神的作用

(一)创建世界级交流平台

在古代,各个国家之间的交往途径十分有限,人们各自生活在自己的狭小范围内,彼此之间缺乏了解,由于不同的信仰、文化、语言以及生活习惯,很容易滋生狭隘的民族中心主义,这为世界和平带来隐患。尽管这类问题仍然存在,但是随着社会的进步、文明的发展以及全球化的进程,这种隔阂正在逐渐地缩小。奥林匹克精神强调友谊、团结、互相了解,倡导全世界各国人民无论种族、信仰、肤色和文化,加强了解、彼此尊重、友好团结,它以体育运动为媒介,促进人们相互学习和交流,加强沟通与合作。每四年一届的奥运会是当今世界国际性的运动盛会,具有强大的影响力和号召力,它营造了一个友好的氛围,树立了一个跨文化和平交流的成功典范,使人们可以较为容易地跨越文化和心理上的障碍,学会包容和欣赏不同的文化,进而促进交流、交融与和平。

(二)以公平竞争促进和平

奥林匹克精神要求全世界的运动员以公正、坦率的比赛和友好的精神在奥林匹克运动会上学习交流。让不同国家和民族之间在一个公开、文明、公平、合理的平台上进行竞争,只有在这种氛围中,人们才有可能摆脱不同文化带来的偏见,用包容和理解化解文化差异,以更为客观和公正的态度去看待他人和世界,学会对不同民族和肤色人民的尊重。人们通过一个公平竞争的途径展示自身的强大与独特,同时也尊敬他人的卓越与努力。虚心学习其他文化的优秀元素,不断地丰富自身,同时也分享自己的成功果实,激励和促进他人的不断进步。进而对增强各国之间的交流、友谊和和平做出努力。

第二节　中华体育精神

一、中华体育精神的含义

中华体育精神包括为国争光、无私奉献、超越自我、公平竞争以及团结协作,是中国精神的重要组成部分。中华体育精神不仅指竞技体育,还指大众体育、学校体育等,它涵盖了体育的所有领域,并提倡自主、自立、自尊、自信的主张。中华体育精神有其历史性和时代性特征,也是中华民族精神的部分体现。历史性决定了中华体育精神既有中华民族特色、也有体育特色,且具有一定的稳定性。

二、中华体育精神的内容

(一)爱国主义精神

每当奥运会上中国国歌响起的时候,每一位华人同胞无论身在何处,也无论是否热爱体育运动,心中都会升起一股自豪感和荣誉感,这就是爱国主义的一种本能反应,它是感性的、冲动的,不需要什么解释。爱国主义不仅是中国人的专属,它存在于世界的各个国家,但是不同的国家、不同的民族决定了他们的爱国主义表现也不尽相同。中华体育的爱国主义强调个人利益服从集体利益的大局观,强调"国家意识"。在中华体育精神中,爱国主义精神表现得最为突出和强烈。这种爱国主义精神可以高度地概括为"荣誉与梦想"。无论参加哪个项目的国际比赛,中国的教练和运动员始终谨记将赢得民族和国家的荣誉放在首位,每次出征心中都牢记要完成"祖国和人民的重托",必须竭尽所有、全力以赴。爱国主义精神也为运动员提供了持续的、强大的动力,让他们能够克服个人的局限,以国家荣誉为重,因此我国近些年来在竞技体育方面取得了骄人的成绩。

(二)英雄主义精神

中国的文化传统中充满了英雄主义,无论是神话故事还是历史传奇,无论是来自史料记载还是民间传说,英雄主义都是中华民族传统文化的重要主题。女娲、神农、盘古、大禹,他们竭尽所能、无私奉献的目的是改善人类的生存环境,却不贪恋功名。中国神话中的英雄普遍都具有克勤克俭、艰苦奋斗的美德。他们的伟大功绩无一不是建立在脚踏实地、辛勤劳动基础之上的。因此,中华传统文化中的英雄主义是美德和理想的化身,这也深深影响着中国的体育精神。基于中华民族的文化传统,我们的体育精神特别强调不畏困难、不怕挫折、自强不息、勇敢拼搏的精神,体育健儿们为了民族大义舍身忘我,奋勇献身,充满了英雄主义色彩。

（三）自尊自信精神

马斯洛指出:"自尊需要的满足使人有自信的感情,觉得在这个世界上有价值、有实力、有能力、有用处。"自尊与自信密切相关,充满自信是中华体育精神的另一特点。运动员在赛场上与对手拼杀的时候都是充满自信的,但中国运动员的自信与西方运动员的自信又有所不同。西方国家的运动员,尤其是来自发达国家的运动选手,他们的自信更多的是来自一种民族优越感,比如他们背靠最先进的运动理论、最现代的训练设施、最科学的训练方法等,因此会不由自主地带着一股居高临下的优越感和自信心。而中国运动员的自信是建立在强烈的自尊的基础之上的。首先,这种自尊源自一种文化底气,华夏文明是世界上最古老的文明之一,在历史上一脉相承,曾经璀璨的文明成就是所有华夏子孙的荣耀。其次,历史上"东亚病夫"的恶名是西方白种人对中国人的极大侮辱,尽管这早已成为历史,但是中华儿女心底始终有要证明自己的信念,也激起无数运动员民族尊严和个人自尊,于是他们加倍地刻苦训练,要在国际竞技体育的赛场上为中国人正名。中国运动员的自信是建立在自尊的基础之上。运动心理学专家指出:"如果一个人对自己有信心,相信自己有能力去获得特定的成绩,那么他就会受到激励,从而奋发努力,去争取预期的成绩。"

（四）超越自我精神

体育运动的过程其实就是不断超越自己的过程,它是人们追求价值实现和自我发展的突出表现。中华体育精神的内容也包含超越自我的价值追求。例如,中国运动员对先进运动技术的执着追求,借助最新的科学训练方式不断地发展自我、谋求突破就是典型的超越自我精神。首先,中国运动员无论现在的运动水平处于什么水平,他们总是对自我提出更高的要求。其次,超越自我表现为通过体育运动加强身体机能提高的同时,也是传递中国传统体育精神的努力。比如,我们的运动员在传统武术项目中所展示出来的自强不息、积极向上的精神气质,并非仅仅是以战胜对手为目的,他更加体现为对自我发展不断提出新的要求。

(五)公平竞争精神

"胜之不武、礼让有德"是周恩来总理在 1973 年亚非拉乒乓球邀请赛中的一句批语。这充分体现了中华体育一直秉持公平竞争的精神。在体育竞赛中,"公平"是前提,没有公平的竞争即使胜利了也没有太大的价值。它保证了参加同一场比赛的运动员有站在同一起跑线上的平等权利。只有建立在公平、坦诚、规范的基础上的竞赛才不失体育竞赛的价值。整体而言,中国体育与西方体育的公平竞争精神是一致的。但是中华体育的公平竞争精神还有自身的独特之处。首先,中国体育的公平竞争是从整体和大局出发的公平竞争,比如当队友间争夺冠军的时候,会出现让球的现象。因此曾有国外运动员坦言:"与中国队比赛,总感觉面对的不是一个中国选手,而是一个中国集体。"在西方强调个人主义的文化价值观看来,自然很难理解。其次,中华体育的公平竞争还体现为在赞美强者的同时也同情弱者。这和中华传统文化中追求和谐与中庸的价值观有关,中华体育的公平竞争精神追求起点的公平,但不追求结果的过于悬殊。

(五)精诚协作精神

西方体育文化中尊重以人为本和个体本位的个人奋斗精神,尽管西方的体育项目也讲求团队合作,但是西方的团队精神仍然突出个人,鼓励个人发挥出最佳状态带动集体的进步和突破,这是西方团队精神与中国团队精神的不同之处。而中国的体育集体项目特别强调队友间的精诚协作,从而令团队得到最佳表现。中华传统体育精神中更是强调"小我"服从"大我",团队永远大于个人。我们的精诚协作强调的是大家是一个利益共同体,只有每个人都忘我地为团队拼搏,才能发挥最大优势、取得最佳成绩。而西方体育始终更强调个人英雄主义,比如美国公牛队的乔丹、阿根廷足球队的马拉多纳等都是典型的明星球员。他们是球队的灵魂,具有极大的领导力和影响力,从而形成一个强大的、具有团队精神的战斗集体。由于个人能力十分突出,这些明星球员可以为整个球队创造新的机会,那么其他队员也获得更多的机会。因此,团队精神不仅不会因明星队员而削弱,反而得到强化。这就是不同民族文化背景下发展出的不同体育文化,它们在体育运动中都发挥着不可替代的重要。

三、中华体育精神的作用

（一）历史认同

中华的体育精神一直发挥着历史认同的作用。体育历史作为中国历史的一部分具有深厚的文化渊源,同时又是相对独立和完整的。就中华体育精神而言,它不仅仅局限于体育范畴的竞争精神,或者起到体育历史记载的功能,更重要的它是中华体育与世界体育相互交流与融合的媒介,并且在相互的了解中向世界传播中国历史文化与价值观。中华体育精神中所传达的身体观、健康观、竞技观、世界观、竞争观、伦理观对中华民族进行现代化的顺利转型,对中华民族的发展和繁荣起着重要的推动作用。

（二）民族认同

中国竞技体育代表中华民族出现在国际体育舞台上,起到了树立民族形象、凝聚民族感情的作用,而这正是中华体育精神的价值体现。尤其是在体育强国的大背景下,中国竞技体育一路过关斩将,在世界竞技舞台上不断取得突破,一次次地刷新了世界对中国体育的认识,为中华民族赢得荣誉和尊重。2008年,北京奥运会的成功举办更是使海内外的华人为之鼓舞,它有力地强化了民族认同感、提升了民族自豪感,使中华民族的凝聚力得到加强。民族认同是民族国家面临的普遍问题,而中华体育精神在融合民族感情方面起到了不可替代作用。通过开展各式各样的体育运动,使中华民族"多元一体的格局"处于稳定状态。

（三）国家认同

中国是一个由多民族组成的国家,而多民族国家的稳定有赖于国家内部各个民族的团结,以及外部世界的政治局势的平衡。中华体育精神对加强民族平等与团结、维护国家稳定、凝聚海内外各民族的向心力有着重要作用。中国尽管通过立法来维护国家领土的完整和统一,但是不可否认中华体育在团结民族方面也立下不可磨灭的功劳。

第三节　中西方体育精神的差异

一、中国体育精神的精髓

(一)和谐统一

中国传统文化以人与自然的和谐统一为追求的最高境界,"天人合一"是中国哲学思想的高度凝练。《易经》中关于宇宙起源问题有着丰富的思想和清晰的表述,其中"太极"是指混沌不分的原始状态,它分别用两仪、四象和八卦对世界进行了高度概括。由此可见,中国传统文化中的宇宙观,是一种整体的、抽象的表达人与自然的和谐关系的宇宙观。中国传统体育在此基础之上也追求人与自然、运动与身体的和谐关系,它将运动解释为人对宇宙运动的一种表达和认同,是自然的人化和人的自然化的辩证统一。

(二)伦理体育

中国体育精神是以儒家思想为主导的传统体育人文精神。儒家文化以"仁、义、礼、智、信"作为理想人格的标准,倡导中庸与和平,明确尊卑与贵贱的等级思想。"射礼"作为古代中国体育传统活动的代表,恰好能体现中国传统体育的伦理性,它非常讲究礼仪,但不单纯追求比赛的胜负,尽管弓箭是中国古代战场上的主要兵器。比如,在射礼比赛中,评判比赛结果的不仅仅是准确度和力度,还有仪容、体态等美感方面的要求。

(三)养生体育

除了儒家文化以外,对中国传统文化影响至深的还有佛家与道家思想。中华体育人文文化是道家思想的精髓所在,它主张"无知无欲、清静无为,内外兼习、道法自然"。在这种哲学思想的影响下,中国传统体育追求通过"静养"来达到身心的健康。作为外来文化的佛家思想则突出"戒、定、慧"的智慧。它的主要思想是提倡节制、约束和反思的一种与世无争的价值观,强调修心、顿悟的至高境界,由此带给中国体育一种"修心养性"运动观。提倡人应该顺乎自然、自得其乐,强身健体是为修心作支撑,对于体育运动不过分强调输赢。

二、西方体育精神的精髓

(一)神话与理性

西方文化起源于古希腊神话,人们将自身的快乐和烦恼创作为神话的形式表达着人间的思想与情感。仔细阅读希腊神话之后不难发现,古希腊诸神的生活就是希腊人自身生活的写照。诸神与人类的区别只是更有力量,更加强大,因此神话故事中的神并不完美,他们也会犯错,也有人类的缺点,他们有爱和包容,也有嫉妒和怨恨,可以说希腊神话中的神是十分世俗化的。然而,随着理性精神的崛起,世界的神秘性逐渐隐去,理性主义接管了文明发展的重任。由此,西方的体育精神发展出对体育运动的测评体系和考核标准,它强调人体运动的功能性,认为人体的运动机能是可以通过有计划的训练而发挥出最大潜能的。

(二)竞争与自由

希腊城的自给自足和高度自治制度创造了一个不依托血缘关系,相对自由、平等、民主的社会竞争氛围。这就为奥林匹克体育精神的发起做好了准备。希腊人自古就有崇尚健美、追求强壮身材的传统,他们擅长竞技运动,因此体育在古希腊有很高的地位。并且,希腊人非常热衷于战斗类的竞技运动,有强烈的竞争意识,这在很大程度上与冷兵器时代军队的整体战斗力取决于战士的身体素质和单兵作战能力有关,而战士主要靠日常的体育训练来提高身体素质。

另外,西方文化非常注重自由、个性以及自我实现。因此,在西方体育的发展过程中,十分强调自我价值的实现,它的文化氛围里就有鼓励人们积极发展自己的兴趣爱好,选择适合的体育项目进行训练,认为参加体育运动也是实现自我的方式之一。与中国传统体育精神中"仁、义、礼、智、信"的伦理价值观不同的是,西方体育文化里有尊重竞争和规则的基因,他们更加认同适者生存,鼓励个人展示自身魅力,不避讳追求成就的野心,认为每个人应该努力发挥自身优势以获得更大的生存权并获得尊重。总之,西方体育文化具有强调竞争和尊重个人自由的传统。

三、中西体育精神之比较

中西方体育精神有着显著的差异,他们分别源自不同的文化体系,具有迥然不同的价值观,在人类体育文化的发展进程中各自都发挥出不可替代的价值,并且相互之间取长补短、彼此交流,丰富了世界体育文化的发展,为提高人类生命的质量,实现人类身心的和谐发展做出贡献。在进行中西方体育精神差异之辨析时,可以从中西方的整体文化特征入手。比如,中国文化强调整体性与系统性,而西方文化则注重辩证与结构分析。另外一个重要的差别是中国体育精神具有"等级"的伦理观,而西方体育精神则向来提倡"平等"的价值主张。

(一)整体观与辩证分析

1. 中国的天人合一智慧

中国体育的发展受到中国传统文化的深刻影响,比如我国传统文化追求"天人合一",以人与自然的和谐统一视为修炼的最高境界。它强调的是一个整体观和系统观,人的一切活动不能违背自然规律,而是因循天地、自然、四季的内在发展节律而进行发展,例如要"得天地之精华,采日月之灵气",只有把自己与天地融为一体,才能最大程度地让身心得到发展。中国传统体育文化中也总是从整体出发,不强调个体或者局部的增长,相反它认为局部应该服从整体意识才能得到最大收益。因此,在古代中国体育文化中,很少单独强调关于力量、速度、耐力的专门训练。但是有趣的是,这一思想体系又与现代的系统论观点高度吻合。

2. 西方以人为本的文明

与此相对的,是西方传统文化中"以人为本"的深厚观念。他们是从个体出发,强调个人的意志与能动性,尤其推崇个人不断拼搏、奋斗最终改变命运、征服世界的价值观。西方人相信人可以不断地改变自己,也可以不断地改变世界,在不断地挑战人类极限中获得突破,这是他们的基本价值观。因此,西方文化具有更多的积极主动性、扩张性,甚至侵略性的特点。在这样的文化背景下,西方体育精神的激进性与张扬性被不断加强,并且更加尊重规则、强调竞争意识,它鼓励个体通过不断地超越与克服困难来表达人类的征服欲,展示必胜的决心。因此,西方体育精神具有强烈的以人为本的精神气质。在体育实践当中,人们重力量美与速度美,重外在美与形体美,这些都成为衡量体育技能的重要指标,拥有力量、速度的优势,则意味着竞争的优势,可以获得外界的肯定与赞美,尊重与爱戴。

(二)内外兼修与不断超越

1. 中国体育讲求内外兼修

中国传统文化哲学观是一种服从自然、适应整体的和谐文化观。中国体育精神也沿袭了这一文化传统。相比于西方而言,中国体育更注重内涵的修养,注重内外兼修,努力与自然达成和谐一致的状态,通过调养身心的运行规律从而完成一种"养生体育"的实践,即体育运动的目的是为了健康与长寿。由此可见,中国传统体育精神不追求激进与变革,而是追求一种静态的、蕴锋刃于无形的内外兼修式的体育锻炼。中国传统体育对自然充满敬畏,强调人应该"顺应天意"、合乎自然地发展身体与心灵的成长,人作为自然界的一分子,既要保证与自然之间的和谐,又要遵循人体活动特征进行低强度的体育活动。中国传统体育不过分追求身体外在的强壮,而是强调外部肢体的运动与锻炼应该和内在脏腑运行相协调,所有的身体运动都是以由内至外,并且以内部为主。传统体育注重养气、养心,对"精、气、神"有深厚的文化解释。它倡导在锻炼身体的同时,要升华精神内涵的认知水平,认为人的生老病死是一种自然规律,因此人类只要遵守自然规律、保持豁达开朗、顺势而为的心态,就能获得心灵的宁静和强健的体魄,从而达到长寿健康的目的。可以说,中国传统体育对人们的人格养成和体格建设方面都起到重要的促进作用。

2. 西方强调不断超越

在西方的体育文化中,鼓励人们树立积极向上的拼搏精神,宣扬生命的意义在于得到最大限度的张扬,人的主体性得到彻底的展现。认为个体生命是神圣的,也是可以自己掌控的。人们应该积极进行发展,不断地开发自身的潜能,以更快、更强、更高为追求目标。简而言之,西方的体育文化强调的是自我实现和不断超越,追求个人通过不断突破极限最终站上人生巅峰的价值实现。竞技体育发源于西方,因此带有强烈的西方体育精神的基因,明确的规则、崇尚公平竞争以及尊重客观事实。西方人的体育文化有着明显的个人主义和英雄主义色彩,它鼓励不断地开发人的潜能、挑战现有极限,这也是西方竞技体育最重要的价值取向。现代西方体育注重科学,并将理论与实践相结合,这是竞技体育不断刷新人类运动极限记录的主要原因。

(三)"等级"与"平等"

1. 中国体育的等级观念

中国历史上有相当长的封建社会时期,其严格的等级制度和文化观念也渗透到传统体育文化之中。儒家认为"劳心者治人,劳力者治于人",由此可见社会重文轻武的风气,以及强烈的等级划分。即使在体育运动中,也将等级观念和仪式推行到底。例如孔子提出"力不同科,射不主皮,乡射礼文"的竞赛原则。即射箭的先后顺序必须严格按照参与者的地位安排,就连不同等级的射手所使用的弓、箭、箭靶和伴奏的音乐也要进行严格区别。由此可见,体育仅仅是一个微不足道的载体,而等级观念却牢牢不可撼动,因此,中国古代的体育局限在传统伦理教化上,其次是体育的娱乐性和宗教性,而竞技元素微乎其微。总之,中国传统体育文化强调伦理等级有余,而平等竞争不足。

2. 西方体育的平等主张

在古希腊声势浩大的启蒙思想运动中,民主与平等深入人心。由此其体育价值观也明确了"自由、平等、博爱"的核心诉求,奥林匹克精神开宗明义号召每个人都有参加竞技体育的权利,无论国家、种族、身份、地位等。自由民主、平等竞争就是竞赛的最高原则。为了保证竞技运动比赛公平,保障人人平等,制定一视同仁的统一标准,保证竞技结果的真实性,最终成为古希腊人对体育竞赛的根本准则。在体育竞技体场上,竞赛规则是活动的最高准则,不管参赛者的出身阶层、学识水平、社会地位甚至道德品质等,运动员的体育竞技能力是唯一被衡量和评比的要素,这体现了西方体育文化的进步性和成熟性。中国热爱和平、注重文化,不善于进行对抗性和侵略性的竞争,不得不承认这些优秀的民族文化品质在很大程度上抑制了我国竞技体育的发展。而西方竞技体育以运动技术为中心,通过对解剖学、生物学等学科的研究和运用,将竞技体育技术要领做细致地分解,从人体机能的角度不断寻求突破,并且取得了显著的成绩。因此,当今中西方竞技体育成绩的差异,不单单是运动技能的差异,更多的是体育背后文化价值观的差异。

第四节　新时期中华体育精神的弘扬

一、新时期弘扬中华体育精神的必要性

(一)增强民族认同感

我国有五千年的文明史,并且华夏文明一脉相承具有鲜明的民族特色,我国文明具有强大的包容性,今天的中华民族是经由多个民族的变迁、承袭、演变而逐渐发展而来。因此,中华民族具有强大的包容性,从另一个角度看,多民族共存的国家维系民族认同感也显得十分重要,需要不断地提升人们的民族凝聚力和爱国情感,而体育作为文化的重要组成部分,对传承民族文化、增进民族感情具有重要意义。首先,中华体育精神中具有浓厚的中国传统文化色彩,在传播体育文化的同时就是对传统文化的再次加强,同时起到让民族更具凝聚力和向心力的作用。从我国历史上看,各个少数民族虽然文化观念、宗教信仰、生产方式、生活习惯甚至民族语言都有显著差异,但是由于汉民族具有强大的包容性,也乐于学习和采纳其他民族的优势,因此能保持长期的强势发展,并在很大程度上承担起维系各民族感情的重任。在当前这个发展阶段看来,正是弘扬中华民族精神和体育精神的重要阶段。随着全球化的不断推进,各个民族、各个国家都在努力发展自身的同时,也争相获得一定的国际地位,中国正处于从发展中国家转变为世界强国的关键时期。此时,对外需要与国际社会建立和平、友好、互利的发展关系,对内则需要增强民族认同感,无论海内外的华人同胞都是华夏民族的子孙,加强民族认同感将有助于国家的安定、团结和稳定发展。在这样的时代背景下,体

竞赛发挥了特殊的作用,每一位参加国际比赛的运动员不仅代表了自己,更代表了背后的国家和民族。在体育竞赛中取得优异成绩,不仅仅是自己的荣耀,也是向世界展示自己国家和民族的强有力的信号,中国是一个尊重规则、拥护公平竞争的国家,中华民族是一个勤奋、进取、开放、包容的民族,这些都是弘扬中华体育精神的必要性。例如,2008 年北京奥运会的成举办具有多种历史意义。首先,体现了是中国积极参与国际体育事务的开放姿态;其次,体现了中国具有承办世界级体育赛事的能力;再次,向国际社会展示了今日中国的综合实力。这次奥运会的举办,令世界瞩目,激起了全球华人的民族认同感和自豪感。

(二)推动传统文化转型

中国具有悠久的历史文化,但是在新时期的发展阶段,若要快速全面的发展,需要将我国传统文化进行顺利转型,以适应当前社会的发展需要。当然,传统文化的转型是指在传承中发展,在继承中迭代。璀璨的过去不能代表明天依然辉煌,只有不断地自我更新、与时俱进地发展,才是保证文化长久地保持生命力的关键。中国文化的现代化发展与社会经济的现代化进程基本同步,中国传统文化的现代化是从最初的洋务派"师夷长技"的器物层面,逐渐发展到维新派的制度层面,直至五四运动发展为更深层的思想观念层面。在当前发展时期,中华体育精神应该拿出应有的从容与大度,一方面,要积极主动地吸收西方体育文化的精髓,补充和完善自身的不足之处,加强发展科学、进取的竞技体育精神;另一方面,应充分展示中华传统体育精神的独特价值,体现其在当代社会具有振奋民族精神、稳定社会大局的重大积极作用。并积极寻求转型与发展,让中华体育精神常在常新,成为促进社会文化生活的有力支持。以体育为媒介,在中国社会推动传统文化的现代化转型,如此一来中华体育精神就理想地解决了我国传统文化现代化的考验。从文化创新的角度看来,中华体育精神能有效带动中国物质文明和精神文明的建设,以及促进科技的发展、文化的传播。总之,中华体育精神在实现文化转型中起到了不可替代的作用。

(三)提升国民综合素质

现代竞技体育的高度发展带动了经济、科技、文化等多方面的发展,对人们的全面发展起到不可估量的作用。此外,作为中华民族文化的重要组成部分,中华体育精神在提升我国国民综合素质方面,也担任非常重要的角色、承载着非比寻常的使命。中华民族的文化传统浸染在每一位中华儿女的血脉之中,这是其他科学文化知识永远无法替代的。因此,要做到提升国民的综合素质,必须从弘扬中华民族文化着手,而中华体育精神则是一个重要的载体和契机。具体来讲可以从以下几方面体现。

1. 提升国民身体素质

中华体育精神具有深厚养生文化传统,快乐健康思想是中华体育精神的重要组成部分,并且,这一思想多少年来对于国民的体育锻炼和健身运动方面发挥着深远的影响。由于近些年来西方竞技体育的快速发展,在我国占有重要的市场地位。尽管西方竞技体育所提倡的体育精神具有独特的价值,然而,它强调追求的"更高、更快、更强"并非适合我国所有国民的健身需求,且与中国人骨子里含蓄内敛的气质并不相容。如果想要全面地提升国民身体素质,弘扬中华传统体育精神必不可少。因为"天人合一"的体育精神可以适用于任何年龄阶段和身体特征的人群。并且,中华体育文化中讲究"衣冠威仪、居身礼仪"的礼仪性,还可以实现对国民体格和仪态的改造。

2. 提升国民心理素质

从长远来看,心理素质水平对一个人是否能顺利发展、能否取得成绩起到至关重要的作用。在中华体育精神中追求自然和谐的发展观以及从整体出发的系统观都可以从根本上影响一个人的发展格局,使他能够不局限于小我的一时得失,能够被荣誉感、使命感等更大的主题所指引,因而不容易狭隘和冒进,甚至可以激起其更强烈的责任感,可以忘我地发挥不畏艰险、勇于拼搏的精神。总之,弘扬中华体育精神能够通过体育运动,将人的心理素质水平提高一个层级,可以使人获得更大的视野,得到长久发展的动力,进而从整体上提升国民综合素质。

二、新时期弘扬中华体育精神面临的问题

（一）体育精神弘扬中传统文化缺失

近些年来，西方竞技体育项目通过强势发展迅速占领了中国市场，并始终保持领先地位。与之相伴的西方竞技体育精神也一并进入中国市场，但这并不是文化入侵，而是中国对优秀外来文化的从容接纳，是为了促进我国体育产业发展和丰富广大国民体育文化生活的主动选择。与此同时，不得不面对的一个现实是，我们国家在发展自己的传统体育项目、弘扬传统体育精神方面有所缺失，致使传统体育精神处于一个相对弱势的位置，这是目前面临的最突出的问题。

虽然我们的民族传统体育得到国家的重视，其依然在体育产业中积极寻求发展，但是发展传统体育项目的同时，应该加强对体育精神的建设和弘扬，避免重市场、轻文化的发展趋势。中华体育精神体现了体育的普世精神，它不仅仅是中华民族的宝贵财富，也是属于全人类的文化遗产。因此，作为中华体育精神的继承人，有责任做好传承和发展的工作，努力弘扬中华体育精神的优秀部分，并结合文化建设新观念，构建出具有中国特色的新时期体育文化。

（二）与核心价值观体系的融合不足

在改革开放和社会主义市场经济发展环境下，思想意识的多元化、多样化对我国的发展起到一定的积极作用，但是我们也应该保持清醒的意识，对不断涌入的西方思潮进行辩证的解读和接纳，尤其是选择与我国核心价值观相融合的部分，而规避对我国的持续、稳定发展起到负面作用的部分。同时，应该努力扩大我国主流价值观念的传播力度，特别是弘扬传统体育精神的时候，应该重点发展那些与当下核心价值高度吻合的精神文化。中华体育精神曾经是文化的典范，是价值的引领，尽管在发展过程中目前仍处于弱势时期和低谷时期，但是仍然要对我们的传统体育精神充满信心，积极拥抱时代发展，并有效地弘扬中华体育精神，培育和践行社会主义核心价值观。

（三）中华体育精神弘扬后续动力不足

在我国改革开放的初期，中华体育精神以其独特的魅力鼓舞着中华

儿女奋勇直追,并向世界展示了中华民族厚积薄发的实力与潜力。"振兴中华"的口号极大地提升了民族自信心,中华民族精神空前高涨,成为一股巨大的推动力。然而随着社会经济的快速发展,外来文化不断冲击着中国本土思想,我们对外来文化采取包容态度,然而却在弘扬自身精神文化方面表现出后劲不足。这必须引起足够的重视,因为中华体育发展若失去了文化根基和精神依托,那么很可能会逐渐地消亡。因此,在市场经济体制下,在新的时代背景中,必须要着眼于民族体育文化的长远发展,结合当下的发展趋势,持续地发展中华传统体育精神和文化建设。

三、新时期弘扬中华体育精神的有效途径

(一)加强体育文化建设

新时期,弘扬中华体育精神的首要途径,就是加强体育文化建设、增强民族自豪感和民族凝聚力。民族凝聚力是一个生生不息、代代相传的文化联结和情感纽带,具有强大的生命力和传承能力,但是它需要建立在一个坚实的基础之上,需要一个坚固的载体,而体育文化正是重要的载体之一。一个国家体育文化的传播、体育实践的推广以及体育项目的举办,其实就是无形之中加强人民群众对国家的认同感和自豪感的过程。一个国家体育文化的发展情况在很大程度上影响着一个国家的民族向心力。随着全球化进程的不断推进,中国在国际社会的影响力与日俱增,我们的民族特别需要建立起与之相适宜的自信心和自豪感。通过有效的体育文化建设,加强体育文化的对外交流,可以有效地凝聚起海内外华人的民族认同感与自信心,提升爱国精神。体育运动是跨国家、跨民族、跨语言的文化形式,而体育精神同样具有穿越时间与空间的能力,展示中华传统体育精神的包容性、广泛性,在新时期环境下,可以有效地起到增强民族自信心的作用。

(二)挖掘体育精神内涵

中华传统体育文化是融中华各民族体育文化于一体的文化体系,具有丰富的文化内涵和精神内涵,是几千年来各个民族特色传统与文化的积淀,比如养生、伦理、武术哲学等,其各种民族传统体育都蕴含着独特的精神特质。当前正值弘扬中华体育精神的重要节点,应该努力挖掘中

华传统体育精神丰富的价值取向,使各个民族的传统体育文化得到发扬,让更多的人了解和认识。同时,很多民族传统体育项目在未来会有很好的发展前景。例如,有学者深入地研究了龙舟竞赛的流变,认为龙舟竞赛作为传承民族文化与民族精神的重要载体,在社会上具有强大的影响力,具有强烈的情感价值。如果能够对龙舟运动项目进行合理的开发与发展,结合现代体育的发展模式,它可能会成为中华传统体育项目的重要代表之一。在实践过程中,我们发现有很多类似龙舟这样的传统体育文化项目没有得到较好地传承,中华传统体育精神的丰富内涵没有得到重视和深入开发。这也许是由于很多复杂的主客观因素造成的,但是不管之前是什么原因没有很好地发展起来,更重要的是把握住当下的发展时机,放眼未来,认真挖掘中华体育精神中的爱国主义精神、顽强拼搏精神、英雄主义精神等,努力抢救少数民族的体育文化,并加强学校的传统体育教育力度,使创新和传承并行,让中华体育精神得到最大程度的弘扬与继承。

（三）发展区域特色体育

中华大地幅员辽阔,拥有丰富的地貌和富饶的物产,各民族在此繁衍生息并创造了辉煌的文明。随着我国现代化的发展和国家的日渐强大,在新时期阶段,需要以区域为基础进行特色项目的开发,努力发展传统文化体育,为进一步的传承和创新做好准备。在不同区域生活的人们,拥有不同的语言和不同的生活习惯,也保留各自不同的体育文化,这正是中华传统体育文化具有丰富资源的体现。我们应该在此基础上努力依托地域特色开展传统体育项目建设。一方面,是对传统体育项目的传承,另一方面,是积极建设弘扬我国体育精神的有效途径。随着中国的崛起,社会经济、政治及文化都发生剧烈变化,作为一个正在迅速崛起的大国,中国需要努力做好文化输出和凝聚民族情感的工作,尽力提升国家的软实力,提高民族自信心。

第八章

新时期体育精神与高校校园文化构建

在高校校园文化建设中,体育精神是营造校园文化氛围和塑造校园人文气息非常重要的内容,也是推动校园文化个性化发展的重要力量。高校校园文化中的体育文化对增强大学生体质、培养大学生意志及人文精神具有重要意义,而体育文化中的体育精神文化更是起到举足轻重的作用。在高校校园文化建设中加强对体育精神文化的建设,大力培养大学生的体育精神,对实现素质教育目标及培养全方位人才具有重要意义。本章主要对新时期体育精神与高校校园文化构建展开研究,首先阐释体育精神与高校校园文化建设的关系;其次探讨在高校校园文化构建中重塑体育精神的策略;最后对大学生体育精神的培育方法展开研究。

第一节　体育精神与高校校园文化构建的关系

一、高校校园文化构建对体育精神的追求

对于高校来说,校园文化就是生命和灵魂,高校的办学理念、办学宗旨、办学目标等都能综合体现在高校校园文化中。高校校园文化包含物质文化、制度文化和精神文化。物质文化主要是指高校的硬件设施,是校园文化中最为基础的组成部分,加强校园物质文化建设,美化物质文化环境,健全设施条件,合理布局,对促进大学生身心健康发展和良好

精神的培育具有重要意义。高校校园文化中居于核心地位的是校园精神文化,包括校园文化传统、校园文化观念等,这些内容集中反映了高校的精神面貌。在高校校园精神文化建设中关键是要建设良好的校风、学风及和谐的校园人际关系。校园制度文化是高校校园文化发展的重要保障性因素,是维护校园秩序的重要保障,加强高校校园制度文化建设,既要传承高校传统制度,又要不断制定与补充新的规章制度。

培养大学生的个性、公平竞争理念、团队协作精神、创造精神等是现代高校教育理念的重要内容,这也是高校校园文化建设的重要追求,它们与体育精神相对应。高校校园物质文化、精神文化及制度文化的建设都与体育精神有着密切的关系,高校校园文化建设与体育精神密不可分,体育精神在高校校园文化中占据重要地位。各大高校的校训是本校校园文化的高度浓缩,高校的校训不仅反映了本校的校园文化传统与特色,还体现了体育精神内涵,如北京大学"爱国进步,民主科学"、清华大学"自强不息,厚德载物"、武汉大学"自强弘毅,求是拓新"等校训反映了顽强拼搏、执着创新、积极进取、自强不息等体育精神。

美国心理学家和科学家库尔特·勒温的团体动力理论是校园文化建设的重要理论基础,勒温认为,团体包含活动、相互影响、情绪三大要素,它们同时也是体育精神的重要组成因素。可见从更深层次和比较原始的角度来看,体育精神与校园文化建设也是密不可分的;从现实来看,集中反映在校园文化建设对体育精神的追求上。与此同时,体育精神又对高校校园文化建设有重要促进意义。

二、体育精神对高校校园文化构建的作用

体育精神对高校校园文化构建的重要作用具体可以从下列几个方面体现出来。

(一)呼唤时代精神

时代精神的核心是人的主体精神,呼唤时代精神就是呼唤人的主体精神。人类要适应不断变化的社会环境,为适应环境而不断做出选择,适应与选择都需要人具备重要的主体精神才能实现。奥林匹克体育精神倡导重在参与、追求卓越、开拓创新,这些精神催人奋斗、上进,人们在奋斗的过程中变得更坚强、勇敢、识大体。奥林匹克精神培养了人的

"参与"意识和"参与"精神,这是奥林匹克运动规模不断壮大,意义越来越广泛、深远的主要原因之一。奥林匹克运动的茁壮成长和成熟完善仅仅靠少数拿奖牌和拿名次的选手的参与是远远不够的,那些得不到奖牌和名次的运动员在奥林匹克运动中的勇敢拼搏也是极其重要的。在高校校园文化构建中弘扬"参与"精神、培养大学生的"参与"精神是新时代赋予高校的重要历史使命。培养参与精神,首先要培养兴趣,即培养体育运动兴趣。体育运动是弘扬与传播体育精神的最佳载体,培养学生的体育运动兴趣,进而培养其参与精神,从而在高校形成激烈而充满热情的校园文化氛围。

（二）树立公民精神

高校校园文化对培养大学生的公民意识具有重要作用,校园文化内涵中有些因素是精神文明和政治文明的交汇,它们更是起到了重要的作用,如自由、平等、民主、规则、法治等内涵。平等是体育精神最基本的内容之一,它要求竞争者的初始位置应该在同一起跑线,对任何特殊权利或权利依附都持排斥和反对态度。奥林匹克运动以奥林匹克体育精神为核心,这项世界体育盛会的民主化程度极其高,其将一种平等、民主的行为模式与范例呈现到现代人面前,熏陶与感染现代人的精神。与此同时,奥林匹克运动充满各种各样的规则,其类似于法治社会中的各种准则,置身于奥林匹克环境中就会自觉遵守各项规则,规范言行举止,在这个浓缩的"法治社会"中做守法公民。高校校园文化中蕴含的自由、平等、民主等体育精神对大学生起到重要的熏陶作用,促进了大学生身心健康,净化了大学生的心灵,提升了大学生的精神境界。

（三）提高公德精神

高校校园文化中包含正义、公开、诚信、友爱等内容,这些也是公德精神的重要内容。当今时代,大学生拥有多维化的文化视角,有多样化的文化选择,也有丰富的生活方式,置身于纷繁复杂的环境中,大学生有时对自己缺乏正确的认识和评价,对自身的公德精神没有给予应有的重视,忽视了自己的责任,对他人、对社会没有履行应履行的责任。公平、公正、公开是体育精神的重要内容,奥林匹克运动中那些经过公平竞争、遵守规则而获胜的运动员是广受肯定和赞美的,而对违背体育道德的一切行为都是予以否定的。运动员必须在统一规则下公平竞争,裁判必须公正执裁,运动员不能为了胜利而采取不正当的行为,裁判员也不能出于私心而偏袒任何一方。对于运动员的不良参赛行为和裁判员的舞弊行为,历届奥运会都给予了强力的打击,保证每项比赛结果的公平、公正、公开。体育精神是充满正义的,在高校校园文化建设中弘扬正义,传播公平竞争的理念,使大学生清楚社会竞争再激烈,也不能为了走捷径而采用不正当竞争手段去达到目标,只有靠自己真实的实力赢得的胜利成果才是被认可,被尊重的。

（四）弘扬人文精神

人文精神是通过一定的物质载体以及有形的物质媒体得以记录、保存、表现、传递的文化。尊重个人意志、张扬个性、挖掘自我潜能、实现自我价值、发挥自我创造力等都是体育精神倡导的重要内容。奥林匹克运动不只是体能活动和技能运动,不仅能培养人的体能和技能,还能培养人的思想和情操。可见奥林匹克运动中蕴含着深刻的人文精神内涵。奥林匹克人文精神倡导以人为中心,高校校园文化建设倡导"以人为本",二者在这方面有很高的契合性。不同高校的物质文化可能相似,但校园文化氛围却有明显的差别,其中无形的体育人文精神的差别是看不到摸不着的,但可以深刻感受到。一些知名高等院校的校园文化氛围非常浓厚且有特色,这些学校的人文精神对广大学子产生了深刻的吸引力,是莘莘学子满心向往的主要原因。[①] 例如,北京大学在历史的积淀中形成了丰厚的人文精神财富,这些在塑造大学生的精神、完善大学生的人格品位等方面具有重要意义。在高校校园文化建设中融入人文体育精神理念是实现人文素质教育的重要手段。

三、体育精神与高校校园文化建设的互动策略

（一）将体育精神内涵与校园文化建设目标相融合

高校校园文化建设的追求与体育精神内涵存在共性,因此在开展校园活动尤其是校园体育活动的过程中,要有意识地培养大学生的体育精神,弘扬体育精神。高校校园文化建设中,要有意识地对大学生的团队

---

① 马彪.奥林匹克体育精神与校园文化建设[J].青海师范大学学报（哲学社会科学版）,2007（04）:124-127.

精神、创新精神、个性意识等进行培养,这是校园文化建设的主要目标,应将该目标与体育精神的培养有机融合,使二者达到统一。

（二）以校园物质和制度文化建设促进体育精神的形成

在高校校园物质文化建设中,要对校园景观予以美化,将丰富的文化内涵赋予这些物质设施,并大力建设与完善基础体育设施,宣传体育活动,倡导大学生积极参与体育活动,为大学生参与体育活动提供多元的选择和良好的环境。此外,还要加强校园制度文化建设,在有关规章制度中渗透与融入大学生健康标准的内涵,建立校园体育考评制度和奖惩制度,使大学生自觉参与体育活动,在体育运动中规范自己的行为,塑造体育精神,提升个人体育素养。

（三）以体育精神带动校园文化格调的提升

高校建设校园文化,对具体的丰富多彩的文化活动更为关注,具有教育意义的文化活动对大学生成长成才具有重要的积极影响。但如果文化活动过于零碎,则会对大学生形成共同精神追求造成制约。对此,要在校园文化活动尤其是体育活动中培养大学生的体育精神,使大学生通过竞争与合作,努力拼搏,积极上进,追求更高、更快、更强的共同目标,营造健康向上的校园文化氛围,使校园文化格调和层次得到提升。

（四）"延伸"体育精神

产生于体育运动中的体育精神并不是只有在体育运动中才能体现出来,而是可以体现在各个方面。所以我们不要局限于体育运动中来培育和弘扬体育精神,而应对体育精神进行适当的"延伸",使其在大学生生活的各个方面发挥重要作用,使大学生形成良好的精神面貌。

此外,在高校校园文化建设的各个方面都应适当渗透体育精神,通过体育精神的延伸与渗透而促进校园物质文化、精神文化及制度文化的全面建设与协调发展,这样有助于巩固体育精神在校园文化建设中的核心地位。

第二节　高校校园文化构建中重塑体育精神

一、营造良好的校园体育文化氛围,发挥体育精神的潜在教育价值

体育精神是一种社会文化,它无声无息,以一种隐秘的力量对人产生潜在的影响。体育精神对大学生的影响不仅体现在体育运动中,也体现在大学生的日常生活中。大学生处于良好的校园体育文化氛围中,能够激发其锻炼的自觉性,培养体育兴趣,使大学生在体育锻炼中获得精神的升华,进而达到文化教育的目的。很多高校倡导"我运动、我健康、我快乐"的体育运动理念,大学生在体育活动中体会理念的精神实质,既传递了体育精神,又培养了体育精神,也促进了校园文化格调的提升。体育精神在促进大学生养成良好体育锻炼习惯和形成健康生活方式上尤其发挥了重要作用。

二、加强教育方法创新,将体育精神内化为大学生的自觉意识与行为

布卢姆将教育目标划分为递进的三个层次,即认知目标、情感目标、动作目标。他认为教育目标的最高水准是把体育活动看成是人的自身价值的体现,体育精神是通过体育活动内化为人的情感,并指导人的行动,成为人的精神支撑。因此需要进一步完善体育教育的方式方法,激发大学生参与体育教育活动的热情,让大学生从中主动感受体育精神,感悟生活。

体育精神主要体现在体育活动中,但并非只能体现在体育活动中。现在大学生越来越依赖即时通信工具,在虚拟空间中花费很多时间,利用这些工具来传播健康生活理念、体育运动理念更易于被大学生接受,能够使大学生用自己喜欢的方式感受体育精神,从而使体育精神快速内化为大学生的自觉意识与行为。

三、在校园文化建设中纳入体育精神培养,形成长效培育机制

体育在我国教育系统中的地位总体是比较低的,大多数人认为学生进行体育活动主要就是为了锻炼身体,而不是取得什么成绩,更不会考虑体育对学生精神层面的影响。所以我国体育教育过于强调体育的健康性能,而缺乏精神层面的教育。大学是人才培养的专门场所,大学在人才培养中不能忽视对大学生体育精神的培养。体育精神培养是一个长效性的过程,需要在校园文化建设中将体育精神纳入其中,使其融入校园文化,营造人人都有良好体育精神面貌的校园文化氛围。

四、构建体育活动价值体系,彰显体育精神价值

体育精神体现在各种各样的体育活动中,体育精神的表现形式比较抽象,所以在弘扬与培养体育精神时要注意区分。虽然高校校园体育活动丰富多彩,大学生参加的体育活动非常多,但并不是每个学生在每次活动中都能深刻领会到体育活动的深层价值,大部分学生在体育活动中很少考虑体育精神,并进行深思,所以提升大学生的体育精神比较难。这就需要细化体育精神,然后将体育精神和体育活动结合起来,构建体育活动价值体系,使大学生在参与体育活动的过程中发挥自我潜能,重在体验、领悟。[1]

总之,大学生的日常生活和体育精神密切联系,体育精神是塑造大学生爱国爱家思想的重要力量,把高校校园文化建设与体育精神培育结合起来,是大学生发展的需要,也是"以人为本"思想的体现。现在提倡全面发展的教育理念,更是需要将培养大学生的体育精神放在重要位置。

---

① 王建军,白如冰.高校体育文化教育研究[M].长春:吉林美术出版社,2018.

第三节 大学生体育精神的培育

一、大学生体育精神的概念与内涵

大学生体育精神是大学生在校园里通过一定的校园历史文化及社会意识,并通过体育实践活动的完美融合、沉淀与提取才得以形成的,它是一种精神文化,呈现出校园体育风貌、道德观念以及行为意识,它还是一种思维活动与某种共同心理状态的总和。[①]

（一）爱国主义精神

爱国主义精神属于高层次的爱国主义,它倡导一切有利于民族团结、祖国统一的思想和情感;倡导一切有利于国家富强、民族团结、社会进步、国民幸福的思想和精神;倡导一切用诚实劳动来创造美好未来的思想和精神,是一个国家、一个民族凝聚人民重要的思想基础和不断追求进步的强大精神力量。爱国主义精神的内容如图 8-1 所示。

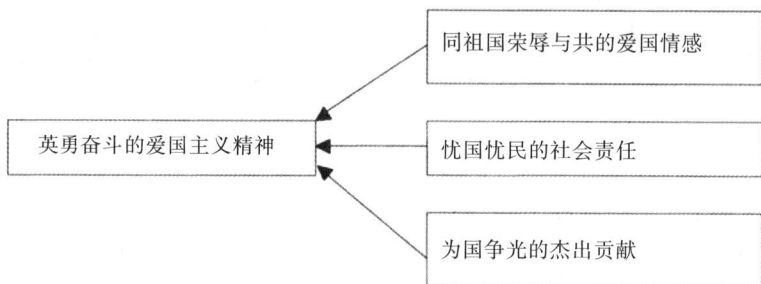

图 8-1 爱国主义精神的内容[②]

在大学生体育精神培养中首先要培养爱国主义精神。大学生是国家的未来和民族的希望,要用爱国主义教育引导大学生树立正确的世界观,确立社会主义理想信念、坚定正确的政治立场和政治观念。引导大学生对我国社会政治制度产生认同感,成长为对国家和社会发展有用的

---

① 王述业.大学生体育精神及其培育研究[D].江西理工大学,2019.
② 蒋菠.大学体育人文精神重塑[M].北京:人民出版社,2015.

人才。当今时代,体育文化的发展既承载着体育"更快、更高、更强"和"重在参与"的精神,也包含了爱国主义的厚重价值。从这个意义上说以体育精神为核心的体育文化与国家的发展、中华民族的伟大复兴和爱国主义使命紧密联系,与时代的脉搏同步跳动,培养大学生的爱国主义精神是大学生体育精神培育中至关重要的一环。

(二)公平竞争精神

不管是什么体育赛事,都有明确的比赛规则,都以公平竞争为基本要求。公平竞争是体育精神的一个具体表现和存在形式。公平竞争是举办体育赛事的基础,遵守比赛规则、公平公正参赛是对每个参赛运动员的基本要求,任何运动员不得搞特权,主办方要公开体育赛事的过程和结果,接受政府和大众的监督。

培养大学生的公平竞争精神主要包括下面两方面的内容。

第一,培养大学生遵守体育赛事规则的意识和习惯,使其形成良好的体育道德和行为规范。

第二,培养大学生坚持不懈、勇敢拼搏、临危不惧的精神与能力。

在大学生公平竞争精神的培养中,应对其规则意识予以培养并不断强化,使大学生对规则的约束性和重要意义有深刻的认识,使大学生自觉遵守规则和相关制度规定,认识到公平、平等在体育比赛中的重要性,自觉维护平等,拒绝特权。在高校体育教学中要注意融入公平竞争精神,对于遵守规则的学生给予一定的奖励,而对于违背规则的学生则给予相应的处罚,使大学生在体育学习中更深刻地体会公平竞争。

大学生参与体育活动,尤其是体育比赛,要端正态度,公平竞争,消除侥幸心理,严格遵守竞赛规则,自觉规范自己的言行,尊重对手,尊重裁判,营造良好的比赛环境,净化比赛风气。如果大学生无视比赛规则,漠视公平竞争,那么比赛中可能会有人搞特权,发生违背体育精神和体育道德的现象,将影响比赛秩序,影响校园风气。

(三)团结协作精神

随着科技的飞速发展和社会的不断进步,需要人们共同参与、合作完成的集体活动越来越受重视,集体活动的质量也有了质的飞跃。集体活动对大学生的团队协作能力提出了较高的要求,团队协作也是创建校园优良竞争环境的重要条件。因此高校要对培养大学生的团队协作意识、能力给予高度重视,通过团结协作教育,使大学生克服个人主义思想,树立集体主义价值观,主动与他人合作,尊重同伴,积极配合同伴,与同伴取长补短,从而不断完善自身素质。

对大学生的团结协作精神进行培养,有助于提升大学生的体育综合素养,但大学生的体育素质与其他素质是密切关联的,体育素质的提升又能促进其他素质的提升。当大学生树立了团结协作意识,具备了合作能力时,看待事物的思维和方式也会发生相应的变化,能够更加客观理性地看待事物,更加具有包容心,能够换位思考,理解他人,同时也能从与他人的合作中获得别人的帮助,从中获益,这些都有助于改善大学生的思维模式,提升大学生的心理素质,促进大学生综合素质的发展。

(四)超越自我精神

体育运动是不断超越自我、挑战极限的人类活动。在大学生体育精神培养中,要注重对超越自我精神的培养,使大学生不断挑战自己,战胜自己,超越自己,完善自己。体育赛场上的每一位运动员努力拼搏,不仅是为了超越对手,也是为了超越自我,这充分反映了体育精神中追求卓越的内涵。

任何事物都处于动态发展的过程中,始终都在变化。大学生的成长成才也是不断变化和发展的过程,这里的变化和发展不仅体现在生理上,也体现在心理上、精神上。大学生在成长成才的过程中不断超越和完善自我,追求全面发展,塑造全方位协调发展的全新的自我。可见,培养大学生超越自我的体育精神,对大学生在其他方面超越自我和完善自我具有重要意义,这也反映了体育精神在大学生各个方面的渗透与影响。

(五)争先创优精神

体育精神中争先创优的内涵集中体现在"更快、更高、更强"的理念上。随着社会的不断发展,教育教学的质量也不断提升,教育中不断创优,在体育教育中,争先创优表现得尤为明显,这促进了体育精神内涵的丰富和要素的重组。

运动员参加体育比赛,无不为了胜利为了赢而战,运动员上场前都做好了充分的身心准备,在比赛场上战胜对手和自我,有时对运动员来说,最需要战胜的不是对手,而是自己,运动员要克服自己的不良心理,直面自己的不足,敢于向自己的最好成绩发起挑战,这都是争先创优精神的体现,在竞技体育中这种精神展现得淋漓尽致,能够使运动员坚持到最赛的最后,达到自己的最佳竞技状态。在高校校园对争先创优的精神进行弘扬和传播,能够创建生机勃勃的校园文化环境,使大学生充满激情,发扬个性,健康向上,努力拼搏。

总地来看,大学生体育精神内涵丰富,要全面培养大学生的体育精神。需要注意的是,大学生体育精神的形成需要经过很长的过程,并非短期内就能快速形成,这个过程不仅长久,而且复杂,需要高校做好多方面的工作,充分发挥体育教育、校园体育精神文化对大学生体育精神培育的功能与价值,使大学生具有新时代的健全且高尚的体育精神。

二、大学生体育精神的培育原则

(一)思想性与实效性相统一原则

大学生体育精神是大学校园精神文化的重要组成部分,大学生具备思想性非常深刻的体育精神后,往往能够更加理性而深入地思考社会现实。深刻的思想性是大学生体育精神的重要特征之一,其具体包含下列两个方面的重要表现。

第一,必须在社会主义核心价值观的指导下培养大学生的体育精神,保证大学生体育精神培养的方向是正确的。

第二,大学生坚守自己的主体价值,远离社会上的腐朽文化,承担起自己的社会责任,做到真、善、美的统一。

培养大学生的体育精神还要贯彻实效性原则,要构建具有实际教育意义的校园体育精神文化体系,体系中不仅包含体育教学,还包含课外体育活动、社会体育实践等。以丰富而实用的校园精神文化对大学生的内在品质(人格、气质、修养等)进行培养,引导大学生对各种社会关系进行正确处理,促进其具有人文关怀特质的精神品质的形成与提升。在培养大学生体育精神的同时,要注意对其体育精神各要素的关系进行协调和重塑,推动各要素的良好互动,使大学生的体育精神达到一定的高度,进一步提升高校校园精神的层次。

(二)继承性与创新性相统一原则

文化是历史产物,任务文化都是有历史根基的,如果缺少这个根基,文化就失去了历史感，缺乏厚重感，显得浅薄。高校体育的价值在于对体育文化的传承、文化的启蒙、文化的创新。体育精神是高校校园体育文化的主轴，培养大学生的体育精神应该遵循继承性原则，使大学生从中国乃至世界历史文化宝库中汲取一切积极体育因素，使之成为大学生体育精神的厚重底蕴，并在培养过程中强调体育精神的育人功能，重塑大学生体育精神的独特品质，实现大学生体育精神的价值理想。

培养大学生的体育精神还应秉持创新性原则。大学生要树立文化启蒙观念，磨炼自身的顽强拼搏意志，增强人文关怀自觉意识，积极关注社会现实、参与社会实践，正确把握高校体育事业发展的最新动态，了解新时期高校体育在育人过程中出现的新问题，为现代大学生体育精神注入创新的源头活水。

（三）导向的一元性原则

导向的一元性原则是指大学生体育精神培养中价值导向的一致性和明确化。大学生体育精神的价值导向常常体现为高校体育发展的方向性原则。这是由于高校体育作为一个整体运行系统，总是需要建立和维持一定的秩序，以形成一定的社会共同体。这就需要整合高校的各种体育价值观念和行为取向，用一元的价值导向使其达成共识和一致。①

不同利益主体的利益需要、价值目标、价值观念等是不同的，是有独特性的。通常而言，人们的价值追求随着社会发展水平的提升而越来越多元化、层次越来越高。高校大学生的价值取向也越来越多元，这与其丰富多样的现实生活是一致的。多元化的生活方式、价值取向使大学生在自身行为标准的建构中有更多的选择。大学生主体的价值取向具有随机性、分散性和功利性，这不同于高校体育文化总体价值导向的长远性、整体性和根本性。大学生的价值取向容易与高校体育的总体发展需求和发展趋势发生偏离，而对大学生价值取向的规范离不开正确统一的价值导向，通过进行规范和引导，能够使大学生自身的价值取向和行为取向保持一致，并使其价值取向与高校总体的价值导向保持一致。

在高校大学生体育精神培养中贯彻导向的一元性原则，要用一元化的价值导向来规范和引导大学生的价值观念和行为方式，使大学生遵守最基本的体育道德规范，使大学生的言行举止符合道德规范。舆论的鼓

---

① 蒋菠.大学体育人文精神重塑[M].北京：人民出版社，2015.

励或谴责、道德的社会化都是建立在道德环境一致的基础上的,如果缺乏一致的标准,那么人们就会在确定价值标准时感到迷茫,只有高校体育价值观一致、行为规范统一,大学生才不会在价值标准的选择和道德判断中感到困惑。因此,要在高校建立统一的可操作性强的道德标准,使其与大学生体育精神培养的价值导向保持一致。

（四）共性与个性相统一原则

培养大学生的体育精神,要求大学生对个人主义、功利主义予以克服,主动对校园优秀精神文化进行继承与弘扬。高校校园精神文化是高校在漫长的发展历史中经过长期的积累、沉淀而形成的,并在未来的发展中将不断更新、完善、提升,高校的优秀精神文化成果是由一代代校园人创造的,校园人将他们共同的美好希望寄托于此,所以说高校精神文化是校园人希望的承载者和校园光辉历史的记录者。

高校体育精神的共性概括而言有以下几点。

第一,高校体育强调向大学生传授最基本、最普遍的体育知识,以此培养大学生的体能、心理和智能。

第二,高校体育学术具有一定的独立性和相对的自由,高校是对社会主流价值观、人生观进行传播的重要场所,是创造社会先进体育文化的重要基地,高校的大学生自然而然地成为倡导和传播健康、先进的生活方式的重要主体。

第三,高校体育回归体育本质,拥有文化批判与文化创新精神,并不断强化和弘扬自己的文化精神。

高校校园体育精神对消解高校体育理想的行为持反对态度,对高校体育的共同价值目标十分崇尚,即促进大学生知识的丰富和拓展,促进大学生的全面发展。培养大学生的体育精神,要塑造大学生的独特精神和个性,要使大学生从本校体育传统、发展历史、学科特色中对精神文化的精髓予以提炼和总结,构建个性化的高校校园精神文化,使大学生在个性化的精神文化环境中形成个性化的心理品质。

（五）时代性与先进性相统一原则

体育精神的时代性要求高校从时代文化精神中提取、创新精神文化,随着时代发展向大学生充分展现体育精神的新内涵。在构建和谐社会的时代背景下,和谐高校体育文化成为高校文化与社会文化的主旋律,和谐体育文化必然是高校体育精神重塑的重要内容。培养大学生的体育精神要求他们拥有对和谐社会的坚定信念;拥有奉献社会、服务人类的精神品质。

培养大学生的体育精神还要遵循先进性原则。先进性是体现体育文化建设的必然要求。为了保持高校体育精神的先进性,一方面要在马克思主义理论指导下,遵循高校体育精神文化的建设规律与发展规律,顺应时代发展的潮流,使高校体育精神的重塑凸显出促进大学生全面发展这一大学生体育精神培育的终极目标;另一方面是要立足高校实际,通过挖掘整理高校历史背景、体育文化资源,不断深化大学生的体育文化底蕴,促进大学生体育精神品位的提升。[①]

三、大学生体育精神的培育策略

(一)重建现代高校体育理想

在"工具理性""功利主义"的笼罩下,高校体育发展十分艰难。在新时期,高校体育必须走出这些阴影才能迎接光明,实现持久发展。高校体育要重塑现代体育理想,确立新的科学的体育理想,即对自由与健美的崇尚,对人文与科学的探索,对物质文化与精神文化相融合的追求,对创新精神的培养等。在现代高校体育理想的重建中,体育理想的培养目标也发生了相应的变化,表现为塑造健全人格和完善人的个性。要达到这个目标,就要将现代体育文化知识、体育科技知识传授给大学生,对大学生运用这些知识的能力进行培养,使大学生在体育实践中学会多角度思考问题,学会用多种方式去解决问题,感悟做人的道理,将大学生培养成拥有健全人格的全面型人才和一专多能型人才。

高校体育工作的基本点和出发点都落实在体育理想上,体育理想对体育活动的开展、体育工作效果等都有直接的影响。现代高校体育理想应该是融合了体育人文精神和体育科学精神的理想,二者在思想上高度融合,在内涵上互为补充,相辅相成,共同构成了科学的现代高校体育理想。

现代高校体育理想的核心是使大学生的各方面素质得到充分、协调发展,使大学生的人格得到最大程度的健全和完善,在对大学生主体性

---

① 王述业.大学生体育精神及其培育研究[D].江西理工大学,2019.

予以激发和调动的基础上促进其全面发展,使大学生在体育活动中深刻感悟生命的可贵。

现代高校体育文化建设中应该树立的教育理想是对优秀的大学生人才进行培养,使其既掌握丰富的体育知识,又掌握实用的体育技能,并能在体育实践中培养爱国主义精神、社会责任感,塑造高尚道德情操,实现人格的健全与完善。

（二）在高校体育教学中融入体育精神

1. 将体育精神融入体育课程教学中

在高校体育课程教学中融入体育精神,注重大学生精神层面的体育教育,或直接开设体育精神教育课程,专门培养大学生的体育精神,提升大学生的体育道德品质。高校体育教师应适当细化体育精神,有意识、有计划地将体育精神元素融入教学内容中,使其更易于被学生接受,使学生在体育知识学习中感受体育精神的深刻内涵,将体育精神内化为自己的价值观,运用正确的体育价值观去发挥自己的主观能动性,提升自己的身心健康水平,塑造自身高尚的道德品质。大学生在体育课堂上感受到体育精神的强大力量后,便能对其中的深刻内涵有真实的感悟和体会,并将自己感受到的体育精神运用于自己的学习和生活中,使体育精神对大学生的各个方面都产生积极的作用和影响。

2. 课堂上诠释体育精神

将体育精神元素融入高校体育课堂教学中来培养大学生的体育精神是最为直接的方式之一。在体育课堂教学内容中融入细化的体育精神元素,为了将体育精神的内涵诠释得更准确、生动、深刻,需要借助多元化的课堂体育活动,鼓励大学生亲身参与体育活动,在有形的体育活动中感受无形的体育精神的力量,获得潜在的熏陶与影响,在潜移默化中实现精神的升华和人格的完善。在体育课堂教学中培养大学生的体育精神的同时也提升了体育教学的层次和深度,使大学生深刻认识到体育教学不仅有强身健体、提升技能的表层功效,还有深层功效,即提升精神品质。

3.在体育教学中培养团结协作精神

在高校体育教学中,体育教师可以选用恰当的教学方式、方法来引导大学生之间的合作学习,使大学生主动与同学合作,自觉配合教师教学,在合作与配合中树立团队协作意识,增强团队协作能力,强化团队协作精神。在这个过程中,不仅传统体育教学方式发生了变化,师生之间的沟通也更加通畅,体育课堂氛围更加轻松、活跃。协作学习对大学生结交朋友,建立友谊,沟通感情,共同进步也有重要意义。这些方面的收获又有助于进一步激发大学生的体育学习动机,提升大学生的体育兴趣,使大学生拥有更强大的学习动力。协作学习对培养大学生的体育价值观、提升体育教学效果具有积极影响。在高校体育教学中采用协作学习方式是将体育精神培育融入课堂教学中的重要形式之一,除了融入团结协作精神的培育内容外,还能融入体育精神的其他内容,从而在体育教学中全面培育大学生的体育精神。

(三)开展丰富多彩的校园体育活动

通过举办丰富多彩的校园体育文化活动,可以弥补课堂教学的不足,并将两者有机结合起来,共同促进大学生体育素质的提高。校园课外体育文化在提高大学生思想道德素质方面能起到课堂教学达不到的作用。丰富多彩的校园体育活动满足了大学生的实际需要,将素质教育的内容渗透其中,将理论运用于实践,潜移默化地影响大学生的心灵。同时,有趣的校园体育文化活动能够吸引大学生主动参与,容易和大学生的思想发生共振。

校园体育文化活动是培养大学生能力的主战场,如集体性体育比赛活动能培养大学生的团队精神。大学生作为社会的一员,要适应未来社会发展和竞争的需要,应该具备多种实践能力,如观察分析问题的能力、表达能力、组织协调能力、人际交往能力等。开展丰富多彩的校园体育文化活动是培养大学生社会适应能力和体育精神的重要现实途径。①

---

① 王建军,白如冰.高校体育文化教育研究[M].长春:吉林美术出版社,2018.

（四）提高大学生的体育文化素养

大学生体育文化素养包括体育知识、体育技能、体育意识、体育兴趣等内容，见表 8-1。

表 8-1　体育文化素养的内容[①]

体育文化素养的结构	具体内容
体育知识	（1）体育基础知识 （2）体育保健知识 （3）体质锻炼与评价知识 （4）竞技运动知识
体育技能	（1）基本运动技能 （2）身体锻炼技能 （3）娱乐体育技能
体育意识	（1）对体育的认识 （2）对体育的理解 （3）体育参与意识
体育兴趣	（1）对体育知识的兴趣 （2）对体育活动的兴趣 （3）对体育科研的兴趣

高校体育工作中，长期以来过于强调体育结果和体育成绩，对培养大学生的体育文化素养没有给予应有的重视，忽视了培养体育文化素养这项体育教育工作，因此大学生虽然在体育教学和课外体育活动中达到了强身健体和提升运动技能的目标，但是内在的体育精神品质是缺失的，缺乏内在精神品质就是不健全的，不符合现代社会发展需要的。因此高校必须重视对大学生体育文化素养的培养，使大学生深刻认识体育精神的重要性，并自觉提升自己的体育修养和体育精神，最终促进高校体育精神凝聚力的增强。

（五）建立与维护良好的师生互动关系

1. 尊重大学生的个性

每个大学生都是独立的社会个体，不同的社会个体之间存在着客观的差异，每个社会个体都有自己的独特性，也就是个性，那些成为真正

[①]　蒋菠.大学体育人文精神重塑[M].北京：人民出版社，2015.

社会主体的大学生都在现实中将自己的独特个性充分表现出来。所以，在高校教育中既要关注大学生的全面发展，也要重视大学生个性的培养与完善。个性是社会个体心理品质的综合体，包括个人的气质、智力、人格、能力等，拥有健康、健全个性的人往往是完整的人，是协调发展的全面型个体。在大学生体育精神培养中，建立良好的师生关系，要求教师充分尊重大学生的个性，关注大学生个性健康和健全发展，鼓励大学生在校园活动中将自己的个性充分展现出来，并展现自己的体育精神品质，积极影响他人。

2. 建立民主和谐的师生关系

大学生是充满活力的、健康向上的、承载着国家与民族希望的生命群体，不管是从地位上来看，还是从人格上来看，他们与教师都应该是平等的关系。只有认可大学生的平等地位，才能建立民主和谐的师生关系，并在愉快的氛围中培养大学生的体育精神。对此，高校教师要做到以下几点。

第一，全面了解学生，相信学生的潜能，挖掘其潜能。

第二，对学生的人格、尊严、思维方式及权利给予充分的尊重。

第三，对不同学生之间的客观差异要予以尊重，理解并宽容学习落后的学生，帮助他们进步。

第四，营造民主、和谐的课堂氛围，尊重学生的主体性，引导学生主动发挥自己的能动性。

第五，引导学生积极思考，发散思维，鼓励学生多总结，多反省。

3. 建构师生的"感情共同体"

大学时期正是青年学生生理、心理、思维各方面不断完善的时期，大学生心理敏感，自尊心极强，又争强好胜，需要平等、坦诚的交流，渴望被他人认可。只有在师生之间建立一种相互尊重的和谐关系，才能实现良性互动。高校教师要诚心担当起对学生的责任，与学生形成一种"感情共同体"。具体表现在以下两方面。

一方面，教师的教学过程也是对学生人格的塑造过程，教师能够从学生人格的成熟与知识的增进中感受教学的成功，体验教学的快乐，并将此转化为内在的成就感。

另一方面，学生从教师的教学中获得知识上的引导、情感上的共鸣以及心灵上的感应,在增长知识的过程中愉快度过大学生活,为适应社会打下知识与人格基础。

　　拥有丰富知识和人格魅力的大学教师在大学生人生道路上是非常重要的指路灯,是大学生的学习榜样,对塑造和提升大学生的体育精神起到了关键作用。

第九章

新时期多元视角下校园体育文化的建设与发展路径探索

校园体育文化建设是高校体育管理工作的重要组成部分,新时期高校校园体育文化的内容与形式应该更加丰富、多元并有新意,因此要结合新的时代背景,从多个视角出发去努力构建更加民主、开放、创新的校园体育文化环境。本章着重从多个视角来探索新时期高校校园体育文化的建设与发展策略与路径,具体包括阳光体育视角、全面发展视角、"互联网+"视角和冬奥会视角,通过该研究能够促进高校校园体育文化的多元化发展。

第一节 阳光体育视角下校园体育
文化的建设与发展路径

一、阳光体育概述

（一）阳光体育的概念

阳光体育是党和国家在新的历史时期,为适应社会与体育教育事业的快速发展所提出的一项关乎我国青少年健康成长的国策,是对体育教学理念的完善与创新发展,旨在牢固树立"健康第一"的指导思想,以体育教学、课外体育活动为手段,全面促进青少年学生积极参加体育锻炼,增进青少年学生身心健康,为终身体育奠定良好的基础。[①]

（二）阳光体育的功能

阳光体育的功能与价值集中体现为培养全面发展的人。作为全面发展教育的重要手段,阳光体育倡导青少年学生通过积极的身体活动去提高身体素质,为全面发展奠定基础。阳光体育的特殊性表现为在青少年参与体育运动的过程中对其进行思想教育,这个特殊性决定了阳光体育的本质功能——培养青少年学生的健康体质。

阳光体育有意识、有计划地组织和引导青少年学生参与体育锻炼,使青少年学生充分认识锻炼身体的意义,掌握锻炼身体的科学方法,并在锻炼实践中积累经验,逐渐获得健康的体魄,养成良好的锻炼习惯,终身受益。

概括而言,阳光体育的功能主要包括健康功能、教育功能、群体功能、社会功能及文化功能,见表9-1。

表 9-1　阳光体育的功能 [②]

阳光体育的功能	具体表现
健康功能	（1）促进生理健康 （2）促进心理健康 （3）提升智力 （4）培养个性
教育功能	（1）拓展素质 （2）改革与完善体育教学
群体功能	（1）愉悦身心 （2）调整学习和生活节奏 （3）培养集体主义精神
社会功能	（1）促进个体社会化过程 （2）提升社会适应能力
文化功能	（1）培养与提高体育文化素养 （2）推动校园体育文化建设

① 王德炜.阳光体育教程[M].北京：高等教育出版社,2010.
② 同上.

（三）阳光体育的理念

1.“健康第一”理念

阳光体育以促进青少年体质健康及全面发展为宗旨，这与“健康第一”的理念相契合。现在，人们对健康的认识越来越全面，健康教育在世界各地广泛开展。我国提出“健康第一”的教育思想，以适应世界卫生组织提出的健康概念。

当前，“健康第一”已成为我国学校体育教学的重要指导思想，学校实施阳光体育，关键要做好体育教育工作。在体育教学中深入贯彻“健康第一”的教育理念，提高体育教学效果，要求做到以下几点。

（1）不断提升体育教师的教学业务能力和专业素养。

（2）加强体育教育、健康教育、美育的结合。

（3）结合学生的实际情况开展体育教学。

（4）将技术教育与健康教育有机融合起来。

（5）开展丰富多彩的课外体育活动。

2.“终身体育”理念

我国全面实施阳光体育，不仅是为了改善青少年学生的体质健康状况，更主要的是为了使青少年学生树立正确的健康观，养成良好的体育锻炼习惯，终身受益。这就需要在阳光体育实施中加强对学生终身体育意识与锻炼能力的培养。

终身体育是指个体终身从事身体锻炼和接受体育教育的过程，终身体育是由构成人群、构成空间、习惯养成及锻炼能力四大要素组成的，这些要素又各自包含不同的子要素。[①] 其中构成人群中包含学生这一重要组成部分，学生是终身体育实施的重要目标对象之一。

终身体育与学校体育关系密切，很多方面都有共同点，主要表现如下。

第一，以育人为目标。

第二，以身体锻炼为手段。

第三，以学习掌握体育知识和方法，提高运动能力为任务。

---

① 匡香红.江苏省阳光体育运动背景下中学校园体育文化建设的研究[D].苏州大学，2015.

在学校体育中要融入终身体育教育,努力培养学生的终身体育意识与体育锻炼能力,这也是实施阳光体育的要求,具体要做到以下几点。

（1）培养青少年学生的终身体育意识。

（2）改善学校场地器材条件,加大对体育活动的宣传力度,开展内容丰富、形式多样的课外体育活动。

（3）进一步完善体育教学内容。

（4）调动学生终身体育锻炼的积极性。

二、阳光体育对高校校园体育文化建设与发展的影响

（一）阳光体育的深邃内涵促进高校校园体育文化建设与发展

大学生对健康有着强烈的需求,这个需求能够从阳光体育运动中得到满足。体育运动具有重要的社会价值,这也在阳光体育运动中有突出的反映。阳光体育彰显着"阳光",散发着活力,承载着大学生发展的希望,对促进大学生自我发展与自我价值实现具有重要意义。

阳光体育内涵丰富、深邃,这从其基本特征如健康性、发展性中能够充分体现出来,而且阳光体育的寓意性十分深刻,这也是其含义深邃的重要反映。随着阳光体育运动的不断普及,阳光体育的内涵不断丰富、升华,充实并拓展了高校校园体育文化,促进了高校校园体育文化体系的健全与完善,主要表现为高校校园体育文化体系的结构越来越合理,功能越来越健全,有效促进大学生全面发展。

（二）阳光体育的特殊功能助推高校校园体育文化建设与发展

增强体质,健全心理,完善人格,这些是阳光体育运动的重要功能,这些功能很好地诠释了"健康第一"的教育思想。大学生参与阳光体育运动,亲身体验体育的魅力,感悟体育的意义和重要性,随着体验的加深和感悟越来越深刻,阳光体育的功能不断积累与整合,进而实现人文转化,以全新的形式融入高校校园体育文化体系中,助推高校校园体育文化繁荣发展,良好的校园体育文化氛围又进一步激发了大学生积极自主参与阳光体育运动的热情,促进大学生形成良好的体育锻炼习惯。可见,在高校校园体育文化建设与发展方面,阳光体育运动作为重要助推力起到了不可忽视的重要作用。

（三）阳光体育的多样性从不同层面充实与完善高校校园体育文化体系

构建与完善高校校园体育文化体系旨在培养大学生的体育意识、体育精神，提升大学生的体育文化素养和体育技能水平，促进大学生身心健康和运动能力的发展。不同大学生的身体素质与运动能力存在一些差异，要使全体大学生的发展需求得到充分的满足，就要构建多元化的高校校园体育文化体系，从不同层面积极影响不同体质和不同运动能力的大学生。阳光体育运动作为一个综合性体系，包含了丰富的内容、诸多的项目以及多样化的形式，为不同体质水平和能力水平的大学生提供了很大的选择空间，具有明显的普适性，因此也能全面发挥其作用与价值。阳光体育运动包含丰富的文化元素，这是由其丰富的内容所决定的，丰富的文化元素充实与完善了高校校园体育文化体系，促进了高校校园体育文化的发展。

三、阳光体育视角下高校校园体育文化的构建与发展策略

（一）重视资金投入

在高校校园体育文化体系中，体育物质文化是基础，在校园体育物质文化建设过程中要坚持贯彻与时俱进的原则，以充足与完备的体育物质资源来满足大学生的体育锻炼需求，满足体育科研需求，满足体育课实施的需求。这就要求在体育物质文化建设中加大资金投入力度，提供基础保障。高校校园体育物质文化建设存在资金来源单一的问题，即主要源于政府财政拨款，既然资金来源渠道少，经费有限，就必须在现实情况下做好预算和规划，客观分析与预测，统筹安排资金的用途。高校体育管理者要做好校园体育物质文化建设的顶层设计工作，立足长远，突出特色，保证体育基础设施的新建、维修、开发使用等都能有序进行，并预留一部分资金以备不时之需。

高校在体育物质文化建设中如果缺少经费，一方面要寻求新的经费来源渠道，另一方面也要做好节流工作，量力而行，不能为了建设一个运动馆而用掉所有的体育经费，对学校体育工作的整体开展造成制约。高校体育物质文化建设是一项大工程，要循序渐进开展工作，不能只讲速度而忽视了质量，也不能因为不必要的细节而影响了效率。

（二）挖掘人才，培育人力资源

高校校园体育文化建设与发展中存在人力资源缺乏的问题，这是制约高校校园体育文化发展的重要因素之一。对此，高校要从师资队伍和其他工作人员队伍中挖掘优秀的人力资源来充实到体育文化建设的专业队伍中，为高校校园体育文化建设提供重要的人力保障，具体可挖掘与培育的人力资源有以下几类。

第一，调动辅导员参与校园体育文化建设的自主性和积极性，发挥辅导员的重要功能，使其在校园体育制度文化建设、制度文化建设中发挥自己的价值。

第二，挖掘专业体育教师或体育教练员，发挥其专业性，使体育师资队伍用自己的专业优势去引领校园体育文化潮流，培育大学生的体育特长，提升高校校园体育文化建设的专业性。

第三，充分发挥校医的作用，使其用自己的专业技能去培养大学生的安全意识和自我保护能力，促进高校校园体育文化的健康发展。

（三）丰富体育环境的精神内涵

高校校园体育文化缺乏丰富而深刻的精神内涵，针对这一现状，高校必须加强校园体育精神文化建设，在体育环境建设中赋予特定的精神内涵，使高校校园体育环境既有实用功效，也有深邃内涵，同时具有审美价值，促进其重要功能的充分发挥。高校要从本校实际情况出发，对本校体育文化与地域传统文化、社会主流文化之间的契合点进行探寻，然后在这个契合点的基础上对校园体育环境进行完善，突出物质环境的精神内涵，将精神文化意义赋予体育物质环境，充分发挥体育物质文化的育人功能。

高校应该从精神层面来做好对校园体育物质设施建设的规划，如建立体育阅览室，不断更新阅览室的体育书籍、报刊等读物，为体育爱好者学习体育知识、开拓视野提供良好的环境，并在这样一个氛围中熏陶大学生的思想和精神。此外，在校园体育雕塑的建设中赋予其文化底蕴，宣传体育精神，使大学生在欣赏体育雕塑的同时能够受到美的熏陶，达到精神的升华。拥有丰富精神内涵的体育物质设施能够使大学生在使用或欣赏的过程中获得对体育历史、体育魅力、体育文化的深刻感受，使其在潜移默化中形成拼搏、竞争、合作等体育精神，这样高校体育教育和德育教育就实现了有机统一,对大学生全面发展具有重要意义。

(四)举办丰富多彩的校园体育文化活动

大学生的体育锻炼需求得不到满足与高校举办的体育活动较少、大学生体育锻炼时间有限等因素有关。为了充分培养大学生的体育兴趣,提升大学生的体育文化素养,满足大学生的体育需求,丰富大学生的课余生活,高校应注重对丰富多样的校园体育文化活动的举办,如举办校园运动会、体育单项比赛、体育知识竞赛、体育知识讲座、体育作品展览、体育文化节、体育游戏等各种各样的活动,营造阳光活泼、积极向上的校园体育文化氛围,激发大学生的参与热情。

高校体育社团、体育俱乐部也是校园体育文化的重要组成部分,高校领导应鼓励和支持大学生自主成立体育组织,培养大学生的体育特长,锻炼大学生的组织管理能力,使大学生充分发挥自身在校园体育文化建设中的主体地位。校园体育组织举办的体育文化活动非常具有带动力和吸引力,能够吸引更多大学生的积极参与。

高校校园体育文化具有一定的开放性,高校体育活动的举办不应只局限于校园内,还应拓展到校外,将校内、校外体育文化有机结合起来。关于校外体育文化活动,可举办定向越野、野外生存等拓展类活动。需要注意的是,高校校外体育文化活动不能只面向大学生运动员,而应面向所有的大学生,使尽可能多的大学生参与到体育文化活动中来。大学生运动员可以带动普通大学生参与校外体育文化活动,向他们传授经验,分享体验,互帮互助,使大学生在亲身体验中感受户外体育的魅力,并亲近大自然,愉悦身心,缓解压力,陶冶情操,净化心灵,提升精神境界,锻炼实践能力,实现全面发展与提升。

第二节　全面发展视角下校园体育文化的建设与发展路径

一、马克思主义人的全面发展的内涵

人类的奋斗目标有很多,其中最持久的目标是实现全面发展,这也是永恒的追求。古今中外,关于人类发展的问题,学界从未停止过研究,在漫长的研究历史中各种理论、观点层出不穷,其中最具有代表性、权威性及影响力的当属马克思的全面发展理论。马克思对人的全面发展的论述从哲学、政治经济学、科学社会主义等多个角度展开,论述非常充分。马克思关于人的全面发展的思想观点在其论著中有充分的体现。马克思主义认为,人的全面发展指的是人各方面的协调发展,包括人的需要的发展、人的素质的发展、人的个性和社会关系的发展。各个方面的发展都具有历史必然性。随着历史的进步,人也在不断进步,不断发展,从某方面的发展逐步实现自由的全面发展。

下面主要从三个方面来解释马克思主义人的全面发展的内涵。

（一）人的需要的全面发展

马克思认为,随着人类文明的不断发展,人的需要越来越多,需要的层次也越来越高。生存需要是人类最开始产生的需要,人的生存需要主要从其社会交往和实践活动中得到满足,而人在实践活动中满足生存需要的同时也会产生新的需要,并在新的实践中去满足新的需要,进而再产生更新的需要,如此循环往复,人的需要越来越多,并在不断满足需要的过程中不断发展。可见,人类进步与发展最根本的动力来源于人自身的需要。社会进步有一个重要的标志,即人类的合理需求不断得到满足。

在社会生产力水平低下、社会生产生活资料严重缺乏的历史时期,生存需要是人们最基本、最主要的需要。随着资本主义社会化大生产时期,虽然人们的物质生活明显改善,但内在精神匮乏,在这种情况下,精神需求逐渐产生,但要最大化地满足人类的精神需求,促进人的精神需要的全面发展,还需要很长的时间才能实现。总之,随着社会的变迁与发展,人的需要也不断发展,越来越多的需要的产生及其满足促进了人的全面发展。所以说,人的需要的全面发展是人的全面发展的重要因素和表现。

（二）人的素质的全面发展

人的素质指的是人的能力。人的能力的全面发展中,具体包括下列几方面的能力。

1. 自然力和社会能力

（1）人与生俱来的欲望、天赋就是人的自然力。

（2）人在后天的社会生活中获得的能力就是社会能力，这是人应该重点发展的能力。

2. 体力和智力

人的体力和智力在其能力系统中是最根本的组成部分，也是最基础和最重要的因素。马克思指出，人与动物的区别有很多，但最本质的区别在于劳动，人是由劳动所创造的，因此出现了自然与社会的两重世界。人类最根本的存在方式便是劳动，人类对客观世界的改造都是在劳动中实现的，在这个过程中人类也对自身进行了改造。人类文明的发展与进步都是因为劳动，劳动一旦异化，人的发展就会片面、畸形。所以说，人的全面发展必然包括或者说就是指人的能力即劳动能力的全面发展。

3. 潜力和现实能力

潜力就是还没有被激发和挖掘出来的潜在能力，现实能力就是已经被激发出来的能力，人不仅要充分发挥自己的现实能力，并不断提高现实能力，还要不断开发自身潜力，使其向现实能力转化，促进能力的全面发展，实现人的全面发展

（三）人的本质的全面发展

人的各个社会关系的总和就是人的本质，所以说人的社会关系的全面发展正是人的本质的全面发展。人的全面发展包括人的本质的全面发展，人的社会关系的全面发展的过程就是人自身全面发展的过程，这是同步的，人的全面发展只接受其社会关系的影响。

随着社会生产力水平的不断提高，人类的社会关系也变得更加丰富、复杂和全面。社会关系的多元化反过来又对社会生产力水平的提高和社会的进步起到推动作用。社会关系的全面发展为人的全面发展提供了可能，使人们突破地域限制，走出去与更多的人交流、互动，与全世界发生联系，实现广阔而全面的发展。

（四）人的个性的全面发展

人的自由个性的全面发展是人的全面发展的基础，人要实现最终的全面发展，必须建立在这个基础之上。个性是人的个体表现，是人区别于其他主体的主要标志。每个人都是特殊的、独一无的个体，都有自己独特的个性，包括兴趣、爱好、性格、能力、气质等，这些个体表现（个性）既反映了人的主体性，也反映了人的独特性。

人的主体性也就是人的自主性，主要表现于人的社会实践活动中。人的社会实践中充分发挥自主性，包括自主选择、决定、调整、控制，摆脱束缚，自由发展。

人的独特性也就是不同社会个体之间的差异性，每个人都是与众不同的，这种不同使得人与人之间的交往更有意义。

二、高校校园体育文化促进大学生全面发展

（一）增强体质

我国大学生体质健康状况不容乐观，不少大学生对体育活动和自身健康满不在乎，没有形成良好的锻炼习惯。高校校园体育文化建设要求高校在新时期加强体育教学改革，切实提高体育教学质量。同时，大力开展阳光体育运动，切实保证大学生的校园体育活动时间，做到人人有项目、人人有器材，形成全体学生参与校园体育文化的氛围，从而增强大学生的体质，为大学生全面发展奠定基础。

（二）发展智力

经常从事体育锻炼，可以给大脑提供能源物质，保证氧气的充足供应，促进大脑神经细胞充分发育，提高大脑皮层细胞活动的强度、均衡性、灵活性，从而不断改善和提高人的智力。校园体育活动可以使大学生进行积极的休息，消除大脑疲劳，提高大脑工作能力，从而在很大程度上培养大学生的思维力、想象力、注意力和记忆力，提高其智力水平。

（三）提高人际交往能力

由于社会竞争十分激烈，致使一些大学生惧怕与人交往，将自己封闭起来，喜欢独处，变得孤立，慢慢丧失了与人交往的欲望和能力。而

这又与社会的需求相违背。社会发展需要善于与人交往,与人协作,善于利用集体智慧与力量去解决困难的人才。因此,高校要注重培养大学生的人际交往能力。高校校园体育活动能够为大学生提供良好的人际交往机会,大学生参与集体性体育活动,学会与人沟通,协同完成任务,从而锻炼与提高自己的人际交往能力,为将来进入社会、适应社会奠定基础。

(四)培养创新能力

高校校园体育文化内容丰富多样,充满了创造活力,弥漫着探索进取的精神,激发着参与者的创造灵感。有些校园体育活动要求参与者开动脑筋,开拓思维,自己开发或创造一些新方法来完成任务。另外,高校校园体育文化对培养大学生的动机、兴趣、情感、意志、性格等非智力因素也有重要作用,能够很好地激发大学生的创新意识和能力,进而促进大学生全面发展。[①]

三、全面发展视角下高校校园体育文化建设与发展的策略

(一)构建促进学生全面发展的校园体育文化

在文化强国背景下,体育文化建设受到重视,加强体育文化建设和发展有助于使我国获得更高的世界体育话语权,提升我国体育实力和文化软实力,进而提升国家综合发展水平。高校校园体育文化是国家体育文化的重要组成部分,大学生要将自身的发展与国家的未来、民族的命脉紧紧联系起来,充分认识到自己作为社会主义接班人承担的重要使命和责任。通过建设高校校园体育文化,要努力促进大学生全面发展,培养社会需要的人才,使全面发展的大学生将来能够为祖国的繁荣富强做出贡献。

(二)构建严谨的校园体育文化

高校校园体育文化的建设与发展应当贯彻理念先行的原则,在科学而先进的教育理念的引领下进行校园体育文化建设,并坚持正确的教育

---

① 岳伟.校园体育文化与学生的全面发展探微[J].鸡西大学学报,2012,12(06):149+154.

理念来完善高校体育管理制度,突出管理的科学化和人性化,提高管理效果。为了在高校校园内形成严谨的学风和校风,必须重视对严谨的校园体育文化的建设。高校校园体育文化折射出当代的高校教育理念,蕴含着深刻的体育精神和文化内涵,如果建设得过于散漫,就会影响良好校风的形成。所以高校应在全面发展、有效教学等教育理念下构建严谨的校园体育文化体系,铸造良好的校风和学风,使大学生在浓厚的学习氛围中获得全面发展。

（三）构建和谐的校园体育文化

大学生全面发展指的是各方面能力协调发展,成为一个和谐的个体,因此在高校校园体育文化建设中也要强调和谐的重要性。这就要求在校园体育文化建设中将德育文化、美育文化、智育文化、体育文化有机结合起来,将其他文化渗透到体育文化中,对丰富多样的校园文化资源进行开发,最终建设的校园体育文化应该既包含体育知识、体育道德、体育技能、体育审美、体育精神,又包含能够培养大学生社会交往能力、创新精神的其他文化内容,通过和谐统一的校园体育文化而培育和谐的全面型人才。

第三节 "互联网+"视角下校园体育文化的建设与发展路径

一、解读"互联网+"

"互联网+"指的是一种信息能源,一种能与传统产业深度融合的能力,并且在知识社会创新2.0推动下的互联网形态演进及其催生的经济社会发展新形态。通过"互联网+"技术,将所有应用经济社会管理的信息资源整合、及时共享,以实现各生产要素发挥积极作用,让创新应用更为便捷,让管理更高效化。"互联网+"不是简单地把互联网和各个传统行业相结合,而是利用互联网平台以及信息通信技术,将互联网与传统行业深度融合,创造出一种新的发展生态。"连接一切"是互联网的主要特征,把不同层次的人和事物连接在一起,消除信息的孤岛,形成了新的生态模式,产生新的社会价值。

"互联网+"的提出为高校校园体育文化建设提供了先进的手段和广阔的平台,使高校校园体育文化从封闭走向开放,产生更广泛的影响力。[①]

二、"互联网+"背景下高校校园体育文化建设与发展的要点

(一)放眼未来,大胆革新

在高校校园文化建设中,校园体育文化建设是非常重要的一环,高校对此十分重视。高校必须紧跟时代潮流和适应社会需要来建设校园体育文化,面向未来不断完善校园体育文化体系,真正落实通过构建校园体育文化而促进大学生健康成长与综合发展的理念,为大学生长远发展打好基础。

在互联网时代,互联网技术的出现颠覆了传统行业,促进了传统行业的改革创新,彰显出巨大的威力和价值。在互联网背景下建设高校校园体育文化,必须树立先进的思维理念,着眼未来,对校园体育文化发展模式进行改革创新,推动校园体育文化的新发展。

(二)依靠互联网,建立通畅便捷的信息渠道

高校传统体育教学模式是按照传统教育模式所构建的,在传统教学模式下,高校教师对大学生的学习需求缺乏深入了解,主要原因是师生之间缺乏畅通的信息沟通渠道,所以教师很难及时、准确、深入地了解大学生的学习需求,而且大学生的反馈也不能第一时间到达教师和相关组织那里。而在互联网时代,依靠互联网平台可以在学校和学生之间、师生之间建立畅通快捷的信息渠道,这样就能更加顺畅地开展校园体育文化建设工作了,在建设过程中信息沟通、信息反馈、信息共享等都非常迅速,大大提高了体育文化建设效率。

依靠互联网可以在师生之间建立沟通组织,使教师尽快了解大学生的学习需求,接收大学生的反馈信息。此外,可以在高校建立校园大数据平台,调查分析大学生的学习需求、体育需求和体育文化建设工作,

---

① 邹园."互联网+"背景下学校体育教育探索与革新[J].当代体育科技,2017,7(11):162-163.

为校园体育文化建设工作的顺利开展提供重要信息和现实依据,从而进一步明确建设的方向和重点。与此同时,高校也可以利用微博、微信等社交平台而展开调查问卷活动,了解大学生对校园体育文化的看法和满意度,集中解决困扰大学生的问题,提升校园体育文化建设的针对性和实效性。

（三）弥补不足,融合互联网文化

高校校园体育文化建设中存在一些突出的问题,如体育设施缺乏,体育活动较少,大学生参与度低等。随着互联网技术的发展及其在体育领域的深入渗透与广泛应用,要求高校先完善体育基础设施条件,优化体育物质文化环境,然后依托健全的基础设施来着手其他方面的校园体育文化建设工作,为校园体育文化活动的开展奠定良好的基础条件,满足大学生参与活动的基本物质需求。

基于互联网技术而兴起的短视频、直播平台为体育爱好者进行体育交流和互动提供了便捷的平台。互联网技术、新兴交流平台同样可以运用到高校校园体育文化建设中,采用先进技术和便捷式平台来宣传校园体育文化,能够增加校园体育文化的传播范围,扩大其影响力,使大学生快速获取关于校园体育文化的重要信息,积极参与校园体育文化活动。

利用互联网技术和各种平台来宣传校园体育文化时,要重视对民族传统体育文化的宣传与推广,促进民族传统体育文化和西方竞技体育文化、新兴时尚体育文化的交流与融合,从而进一步丰富校园体育文化,建立高校校园体育文化建设与发展的新格局。

三、"互联网 +"背景下高校校园体育文化建设与发展的策略

（一）通过高校体育教育而培养大学生的体育理念

高校体育教育观的形成、传播及大学生体育理念、体育意识的树立都是在高校体育教育实践中实现的,高校体育教育实践直接影响大学生体育意识、体育理念的形成和强化。因此我们应高度重视高校体育教育实践,不能只是在形式上进行体育教育,而应真正落到实处,讲求实效,同时要强调教育实践的灵活与创新。

在体育教育实践中要重点抓好优化体育教育环境、开发校本课程、

提高体育教师专业素养、培养大学生终身体育意识、增强大学生体质等工作,使大学生在体育教育实践中建立先进的体育理念和健康理念,积极主动地学习体育知识、参与体育活动、传播体育文化,从而提升体育文化素养,更好地发挥自身在校园体育文化建设中的主体作用。

（二）加大资金投入,夯实校园体育文化建设的经济基础

高校校园体育文化建设、高校体育系统的运作都离不开良好的经济基础,高校体育经济基础薄弱,而大学生的体育需求日益增加,这对矛盾制约了高校校园体育文化建设与发展。为缓解这一矛盾,推动校园体育文化建设与发展,必须加强这方面的经费投入力度,优化校园体育物质环境,为丰富多样的校园体育文化活动的开展提供资金支持和物质帮助,完善校园体育基础设施条件,满足大学生的体育需求,调动大学生参与校园体育文化活动的积极性,从而使优良的校园体育文化更好地为大学生主体提供良好而稳定的服务。

（三）加强校园体育文化活动内容与形式的拓展与创新

在互联网背景下,高校流传的体育文化信息越来越多。现在大学生对常见的单一的校园体育文化活动内容、形式已经感到乏味,兴趣逐渐下降,拓展与创新高校校园体育文化活动内容及形式迫在眉睫。在高校校园体育文化活动的创新与拓展中,可以引入一些趣味性的体育游戏或社会上流行的一些活动类游戏,将这些创新性的活动融入校园体育文化节的建设中。融入的新活动不仅要有趣,而且要有一定的挑战性,能激发大学生的斗志和参与的热情。此外,可以在高校校园体育文化建设中引进社会上流行的跑酷运动、户外运动、拓展训练活动,用时尚流行的体育文化刺激大学生的感官和神经,使大学生在参与过程中获得全新的体验和感悟,这对丰富高校校园体育文化、增强大学生体质具有重要意义。

（四）培育具有特色的校园体育组织

高校体育组织主要是指体育社团、体育俱乐部,这些是传播校园体育文化的重要载体。不同的大学生有不同的体育兴趣爱好,也有不同的体育特长,为满足不同大学生的体育需求,高校校园中成立了各种各样的体育社团和俱乐部。高校对这些校园体育组织的建立应立足本校

实际情况,如本校体育经费、体育设施条件、体育师资资源、体育传统、体育特色等,要因地制宜地培育"本土化"体育组织,尽可能使不同学生的需求得到满足,丰富大学生的课外生活,营造良好的校园体育文化氛围。

(五)创建互联网平台,强化校企合作

在互联网时代,人们的生活和信息技术的联系十分紧密,人们的生活中充斥着各种各样的网络信息,加快了人们获取信息的速度,使人们及时掌握社会动态,并做好应对社会发展变化的准备。互联网技术的发展及各种网络信息在高校校园的传播也推动了高校信息化建设,为高校建设智慧校园提供了良好的技术条件和网络平台,如高校创建的校园微信公众平台、微博公众平台、官网平台等为传播校园体育文化提供了良好的渠道,提升了校园体育文化的传播力度和影响力。同时,在这方面颇有建树的高等院校积极寻求与社会知名企业的合作,建立与完善校企合作的校园体育文化推广模式,赋予校园体育文化建设更大的意义。

(六)加强对校园体育文化建设的统筹管理

高校校园体育文化的信息量在互联网时代背景下是十分巨大的,不仅量大,而且传播快,这对高校校园体育文化建设提出了更高的要求,即构建开放性的校园体育文化,打破传统僵化局面,突破死板,因地制宜,灵活多变,这就要求加强对校园体育文化建设的严格管理和把控。在管理过程中,要对科学有效的管理体制加以建立,突出管理体制"统筹规划,层次分明、职责明晰、分工明确"的特征,从高校实际情况出发而制定学校体育规章制度,并积极落实制度。引导有关部门相互交流、配合,协同工作,提高高校校园体育文化建设体系的运行效率。在高校校园体育文化建设的管理中,安全管理必不可少,要建立应激管理机制,防止突发事故发生,保障大学生的生命安全。

(七)创建品牌,走向国际

高校校园体育文化具有开放性,在校园体育文化建设中要利用这一特征而不断融入和吸收其他文化,对国内外先进的校园体育文化建设经验与成果予以借鉴和参考,同时也要培育本校体育文化特色,创建文化品牌,打造文化名片,走出校门甚至是国门,向世界各国弘扬优秀的高校校园体育文化,并利用高校资源传播中国传统体育文化,拓展传统体育文化的传播路径和发展空间。

第四节　冬奥视角下校园体育文化的建设与发展路径

一、冬奥视角下的冰雪体育文化

北京 2022 年冬奥会即将举办,冰雪运动受到很多人的关注。随着国家体育总局《冰雪运动发展规划(2016—2025 年)》的印发,校园冰雪计划正式拉开序幕。规划指出以下重要内容。

第一,2018 年编制完成冰雪运动校园教学指南。

第二,全国中小学校园冰雪运动特色学校 2020 年达到 2 000 所,2025 年达到 5 000 所。

第三,鼓励开设冰雪运动相关专业的职业学校或高等院校参与培养中小学冰雪运动教师,到 2020 年完成对 500 名校园冰雪运动项目专职或兼职教师的培训。①

可见,高校作为发展冰雪运动的主体之一,承担着不可推卸的重要责任。我国各大高校应积极引进冰雪运动,加强校园冰雪体育文化建设,推动国家冰雪运动发展。

高校校园冰雪体育文化是以高校校园为主要空间,以大学生为主体,以各种冰雪体育活动为主要内容,以冰雪体育精神为特征的一种群体文化。从文化的角度看,高校校园冰雪体育文化可以分为三个层次,见表 9-2。

---

① 曹杰,王莉丽等.冬奥会背景下黑龙江省中小学冰雪体育文化建设研究[J].冰雪运动,2021,43(04):82-86.

表 9-2　高校校园冰雪体育文化的结构 ①

结构层次	文化结构
冰雪体育物质文化	冰雪体育场地 冰雪体育雕塑 冰雪体育图书音像资料 冰雪体育宣传设施
冰雪体育精神文化	冰雪体育知识 冰雪体育道德 冰雪体育精神 冰雪体育风尚 冰雪体育观
冰雪体育制度文化	冰雪体育规范 冰雪体育传统 冰雪体育制度

二、高校校园冰雪体育文化的建设与发展策略

（一）完善设施，加强宣传

1. 重视对冰雪运动设施的建设与完善

冰雪运动设施是高校校园冰雪体育文化建设与发展的基础条件，高校要贯彻因地制宜的原则来对冰雪场地设施的建设进行合理规划。具体来说，就要将当地的自然资源充分利用起来，加大资金投入，争取政府支持，寻求企业合作，采用科技手段，统筹规划，使布局更合理、有效。北方地区的高校在建设校园冰雪体育文化发明有天然的自然环境优势，因此文化建设中可选择较多的方式，南方高校主要对室内滑冰运动场地进行建设，对冰上运动进行大力推广与宣传。

高校修建冰雪运动场地设施需要投入大量的资金，这无疑会增加政府部门的财政压力，增加高校的压力，使原本就有限的体育经费更显得微不足道，因此，高校要主动寻找新的筹资方式，与社会上的体育企业尤其是主营冰雪运动产品的企业展开合作，获得企业赞助，吸收社会资金，为高校冰雪体育设施的建设提供充足的资金保障。高校利用企业赞助的经费修建冰雪运动场地之后，可向该企业内部员工免费提供运动场

---

① 丁日明，李永霞.北京冬奥背景下的高校校园冰雪体育文化建设[J].冰雪运动，2018，40（03）：75-78.

地,甚至可以提供专业指导。

高校冰雪运动场地的维修也是一笔巨大的开支,因此高校要充分发挥场地本身的功能,在课余时间向社会有偿开放冰雪场地,将这部分收入用于对场地设施的维护。需要注意的是,高校向社会开放冰雪运动场地,不能过于商业化,要将这个尺度把握好,不能影响高校教书育人的本质和破坏校园风气。

此外,为了充分利用校园内部的场地资源,高校应在下雪天和结冰后人工组建一些简单的滑雪场和滑冰场,增加户外冰雪场地的数量,满足大学生参与冰雪运动的需求。

2. 加强对冰雪运动文化的宣传

高校还应重视对冰雪运动文化的宣传,具体方式如下。

第一,建设冰雪体育宣传栏,定期更新宣传栏内容,吸引学生注意。

第二,在图书馆摆放一些冰雪体育书籍,为师生查阅资料提供便利。

第三,组织学生观看大型冰雪体育比赛,让学生领略冰雪运动的魅力。

第四,建设冰雪体育雕像,营造良好的校园冰雪运动文化氛围。

(二)打造特色,活跃氛围

一些高校构建的校园文化是空洞的,缺少个性,没有体现当地特色,在校园冰雪体育文化建设中要避免出现类似情况。高校应将当地与冰雪相关的文化融入校园冰雪体育文化建设中,让校园冰雪文化具有浓郁的地方特色。向大学生讲解校园冰雪体育文化的同时,还应融入当地的历史文化,丰富校园冰雪体育文化的内涵。

高校建立冰雪景观,开展具有地方特色的冰雪体育项目,有助于丰富大学生的校园文化生活,使校园冰雪运动文化的氛围更加浓厚。建设高校校园冰雪体育文化不能只是流于表面,而要突出冰雪文化的内涵,通过内涵丰富而深刻的冰雪运动文化来培养大学生的体质、道德、人格,提升大学生的综合素质。高校引进的冰雪体育项目要具有一定的意义与深度,让学生在愉悦身心的同时有所感悟,实现自我升华与完善。

(三)加强管理,规范发展

在冰雪体育传统方面,高校应积极开展校园冰雪体育文化节、组织冰雪体育知识竞赛和冰雪体育知识讲座,这样可以使冰雪体育真正成为大学生体育生活中的一部分。由于冰雪体育对环境的依赖程度高,对场地的要求较高,在建设冰雪场地时可能会在一定程度上破坏环境,导致得不偿失,所以在高校冰雪体育文化的建设过程中必须加大监督与管理力度,拒绝破坏生态环境的行为,坚持在保护环境的原则下进行建设,构建生态化高校冰雪体育文化。

在冰雪体育制度方面,高校应重视对校园冰雪体育文明规范和冰雪体育规章制度的建立,为高校校园冰雪体育文化的建设与发展提供制度保障,并将这些制度纳入高校体育日常管理制度体系中,使高校校园冰雪体育文化获得更长远的发展。

参考文献

[1] 王建军, 白如冰. 高校体育文化教育研究 [M]. 长春: 吉林美术出版社, 2018.

[2] 程会娜. 大学生校园体育文化解析 [M]. 西安: 世界图书出版西安有限公司, 2018.

[3] 于可红, 张俏. 世界一流大学与体育文化互动发展研究 [D]. 杭州: 浙江大学出版社, 2015.

[4] 何伟. 新时代我国高校体育文化建设研究 [D]. 江西理工大学, 2021.

[5] 赵爽. 校园体育文化发展趋势探析 [J]. 商, 2014 (01): 380.

[6] 邹媛. 美国高校体育文化中的品格教育渗透——以密歇根州立大学为例 [D]. 西南大学, 2012.

[7] 许强. 国家学生体质健康标准测试项目 [M]. 延吉: 延边大学出版社, 2018.

[8] 吴江. 大学生体育活动安全指南 [M]. 北京: 冶金工业出版社, 2013.

[9] 顾春先. 学校体育文化节的构建与传播 [M]. 成都: 西南交通大学出版社, 2017.

[10] 曲宗湖. 学校民族传统体育 [M]. 北京: 人民体育出版社, 2002.

[11] 刘轶. 我国学校民族传统体育发展路径研究 以文化软实力为视角 [M]. 武汉: 湖北人民出版社, 2013.

[12] 杨建成. 民族传统体育发展研究 [M]. 南京: 河海大学出版社, 2015.

[13] 吴昊. "互联网 +" 背景下高校民族传统体育教学改革研究 [J]. 教育理论与实践, 2021, 41 (24): 58-60.

[14] 苏航. 民族传统体育文化传承创新研究 [M]. 南昌: 江西科学技术出版社, 2017.

[15] 申齐 . 文化软实力背景下学校民族传统体育多元化发展策略 [J]. 民营科技 ,2016（12）：216-217.

[16] 刘轶 , 万苏 . 学校民族传统体育与文化软实力之互动关系研究 [J]. 当代体育科技 ,2014,4（01）：125+127.

[17] "提升我国体育文化软实力核心问题研究"课题组 . 中国体育文化软实力及其提升 [M]. 北京：科学出版社 ,2015.

[18] 马彪 . 奥林匹克体育精神与校园文化建设 [J]. 青海师范大学学报（哲学社会科学版）,2007（04）：124-127.

[19] 樊超 . 关于用体育精神重塑高校校园文化的思考 [J]. 体育文化导刊 ,2017（09）：123-126.

[20] 杨益 . 论体育精神与学校文化建设的关系 [J]. 运动 ,2016(23)：79-80.

[21] 王述业 . 大学生体育精神及其培育研究 [D]. 江西理工大学 ,2019.

[22] 蒋菠 . 大学体育人文精神重塑 [M]. 北京：人民出版社 ,2015.

[23] 匡香红 . 江苏省阳光体育运动背景下中学校园体育文化建设的研究 [D]. 苏州大学 ,2015.

[24] 于飞 . 阳光体育运动对高校校园体育文化建设的促进作用 [J]. 长春教育学院学报 ,2013,29（05）：72+74.

[25] 云月 . 关注学生全面发展构建学校体育文化氛围 [J]. 汉字文化 ,2019（03）：135-136.

[26] 岳伟 . 校园体育文化与学生的全面发展探微 [J]. 鸡西大学学报 ,2012,12（06）：149+154.

[27] 朱培培 . 大学生科学素质教育研究——基于人的全面发展理论视角 [D]. 西南石油大学 ,2016.

[28] 邹园 . "互联网 +"背景下学校体育教育探索与革新 [J]. 当代体育科技 ,2017,7（11）：162-163.

[29] 潘赛丹 . 互联网背景下校园体育文化的建设 [J]. 体育风尚 ,2021（06）：231-232.

[30] 郑继超 , 赵娜 . "互联网 +"背景下我国高校校园体育文化发展的困境与路径 [J]. 体育研究与教育 ,2016,31（02）：50-53.

[31] 丁日明 , 李永霞 . 北京冬奥背景下的高校校园冰雪体育文化建设 [J]. 冰雪运动 ,2018,40（03）：75-78.

[32] 曹杰,王莉丽等.冬奥会背景下黑龙江省中小学冰雪体育文化建设研究 [J].冰雪运动,2021,43(04):82-86.

[33] 王德炜.阳光体育教程 [M].北京:高等教育出版社,2010.

[34] 马来焕.校园文化价值取向 [M].北京:理工大学出版社,2012.

[35] 赵翔,张博著.高校校园文化建设的多维度探究 [M].西安:西北工业大学出版社,2020.

[36] 才忠喜,张东亮.校园文化理论与实践研究 [M].西安:西安交通大学出版社,2015.

[37] 陆宇榕,王印,陈永浩.体育文化与健康教育探究 [M]北京:新华出版社,2018.

[38] 张明波.学校体育文化研究 [M].北京:光明日报出版社,2017.

[39] 陶钧.以就业为导向的中职学校体育教学革新路径分析 [J].休闲,2019(02):133.

[40] 谭国平,徐国正.高校运动队管理探索 [M].长沙:湖南大学出版社,2009.

[41] 紫金,杨爱东,张玉婷.农业院校业余运动队日常管理模式研究——以云南农业大学业余运动队为例 [J].青少年体育,2016(03):10-11+98.

[42] 孙建华,张志成.学校体育竞赛组织管理与编排 [M].北京:光明日报出版社,2010.

[43] 张志华.我国高校竞技体育人才培养的理论与实践研究 [D].北京体育大学,2014.